本书系广东省哲学社会科学"十二五"规划项目"《新月》：一种同人自由媒介的综合透视"（GD15XZW15）的最终成果

史习斌◎著

新月

一种同人期刊
与自由媒介的综合透视

中国社会科学出版社

图书在版编目（CIP）数据

《新月》：一种同人期刊与自由媒介的综合透视／史习斌著.—北京：中国社会科学出版社，2017.8

ISBN 978 - 7 - 5203 - 0481 - 8

Ⅰ.①新… Ⅱ.①史… Ⅲ.①期刊 - 研究 - 中国 - 民国 Ⅳ.①G239.296

中国版本图书馆 CIP 数据核字（2017）第 123332 号

出 版 人　赵剑英
责任编辑　曲弘梅
责任校对　王　龙
责任印制　戴　宽

出　　版　中国社会科学出版社
社　　址　北京鼓楼西大街甲 158 号
邮　　编　100720
网　　址　http：//www.csspw.cn
发 行 部　010 - 84083685
门 市 部　010 - 84029450
经　　销　新华书店及其他书店

印刷装订　北京鑫正大印刷有限公司
版　　次　2017 年 8 月第 1 版
印　　次　2017 年 8 月第 1 次印刷

开　　本　710×1000　1/16
印　　张　11
插　　页　2
字　　数　169 千字
定　　价　48.00 元

序

习斌曾从我攻读博士学位。他来自湖北一侧的武陵山区，身上有着山里人特有的纯朴、忠厚和勤奋，这是我十分喜欢的。

还记得第一次与他相识的情形。湖北大学的川鄂老弟说请我喝酒，来时却有一陌生小伙子同行。个子偏高，长相端正、棱角分明，时露憨厚笑意，却不善言辞——这是我对习斌的第一印象。席间，川鄂极力向我保荐这个学生；我说我们还是先喝酒。可习斌当时滴酒不沾，说是不会喝。我半开玩笑地说：我的学生，可多是能喝酒的。他依然不肯将就——可见他的质朴与老实。

后来，不会喝酒的他，考得却好，成了我的学生。渐渐熟悉了，我开始"逼他"喝酒。起初，他酒量确实不大：小半杯下肚，就满脸通红。我半开玩笑地对他说：学现代文学的，得放达一点，尤其须有点酒神精神。或许他真听进去了，于是开始喝酒，且有点喜欢了。待到毕业时，他的酒量与他的学术一样，皆大有长进。

习斌博士毕业后去了南国海滨，在那里成家立业。此后虽见面不多，但时常联系。我曾不止一次收到他寄来的著作，有创作，也有批评和研究；他甚至几乎同时拿到了政府的创作基金和研究基金——足见他的兴趣多样与勤奋。但作为曾经的导师，我更挂念他博士论文的出版。

今年春上，习斌突然在微信上告诉我，他的博士论文经修改补充后，以《新月：一种同人期刊与自由媒介的综合透视》为书名即将付梓。他还希望我能为他作序。闻言我十分高兴。

众所周知，"同人期刊"是现代中国文化文学生产与传播实践中一种非常普遍的形式和方式。其情形正如《现代》杂志主编施蛰存所说："'五四'以后，所有的新文化阵营刊物，差不多都是同人刊物，一个人为中心，号召一些志同道合的合作者，组织一个学会，或社，办一个杂志。每一个杂志所表现的政治倾向，文艺观点，大概都是一致的。"（《〈现代〉回忆》）因此，可以毫不夸张地说："同人期刊"乃至"自由媒体"是现代中国文化、文学史，尤其是社团流派史上一个非常突出的现象。

而《新月》杂志，则是"后五四时期"地位特殊、影响广泛而深远的同人期刊之一。《新月》月刊创办于1928年，至1933年终刊，前后5年多时间，共出版刊物43期。虽然它的存在处于"五四"新文化运动退潮之后，但其主要人物、办刊宗旨、媒介运作、传播机制、传播内容等，却深得"五四"文化精神尤其自由精神之传统和精髓。从这种意义上讲，《新月》月刊作为"后五四时期"同人期刊、自由媒体乃至自由主义文学文化传播之重镇，承续推动了"五四"精神、自由精神在中国年代前后的纵深发展。

《新月：一种同人期刊与自由媒介的综合透视》这部著作，以《新月》月刊为基本研究对象，把同人期刊研究与自由媒介研究结合起来，把媒介研究、传播研究与文学文化研究结合起来，从媒介生态、媒介构成、媒介传播方式、媒介内容、媒介影响等方面入手进行探讨，形成了关于《新月》月刊的文学、媒介和文化研究的多维视野与系统而又独到的阐发，是《新月》月刊和新月同人研究的重要成果。

综而观之，这部著作既聚焦《新月》月刊，又注重源流和周边视阈的考察。全书以现代媒介的发生和自由媒介的出场为起点，研究《新月》月刊作为同人性自由媒介的诸多特点：包括以"同人群体"聚合而成的媒介主体，以"股份合作制"和"集体编辑制"为主的媒介体制，以"一体化"为主的传播方式等。在媒介内容上则注重"批评论争""政论与时论"和"新月文学"的探讨，媒介内容的生产则以"同人写作"为主要方式。对于《新月》月刊的媒介影响，则从"自由主义的移植和培育""公共空间的开拓和公共领域的建构"两个方面进行总结。读完全书，可以明显感觉到作者全方位的学术追求与务实严谨的学风：有史料，讲究论从史出；有观点，不说无用之话；有温度，不做学术八股。它不仅丰富了现代文学期刊的研究，而且对中国现代文学的社团、流派研究及媒介研究也具有重要参考价值。其中关于"新月文学"的论述和"同人写作"等提法，尤具有学术创见与新意。

我平时曾有感慨：人的一生很短，不同的阶段可专注于不同的事，如学习、学术之类；但我不赞同"活到老学到老"的说法。而今我已年近退休，对于当下许多所谓学术，尤其是项目、课题、论文之类的学术"金指标"早已不在意，乐于"边缘行走"。但是对于正当年龄的年轻人、中年人，以敬畏执着之心认认真真、老老实实地做学问，我是非常愿意见到的。

习斌正当这个年龄段，有这种精神且多有创获。我由衷为他高兴。

是有此序。

周晓明

2017 年 6 月于桂子山

目　录

绪　论

一

在现代中国文学、文化史上，期刊与社团流派、出版实体之间相互依存共同发展，形成了一种习见的模式。《新月》月刊、新月派、新月书店之间的关系即是如此。历时五年多出版四十三期的《新月》月刊，作为一个以新月同人为主体、以新月书店为依托的现代自由媒介，在现代中国自由主义文化思潮形成和"新月派"这一流派成型的过程中，无疑起到了举足轻重的作用。

《新月》月刊作为一个已成过去的历史存在，有诸多思想文化遗产留待我们去消化承继。历史地看待《新月》这一同人刊物，不论是其与官方的"冲突"，还是与其他阵营的分歧，都显示了新月知识分子独立地表达个体观点和群体诉求的强烈愿望，以及在此基础上所作的开拓言论空间的不懈努力。按照学界的共识，《新月》是现代中国文学和文化史上的一份重要的综合性文学期刊，这不仅仅在于它的文学贡献，还因为它是二三十年代传播自由主义文化思潮最重要的阵地。《新月》月刊秉承和持守的自由主义立场，无论是作为其他思潮的参考对立面，还是作为一种独立的存在，在思想文化上无疑都具有重要意义。其实，正是因为刊物传播西方自由主义学说和新月知识分子践行自由主义生活方式受到排斥和挤压，才使得"打破了头也还要保持灵魂的自由"的新月之群将自由言说空间的捍卫和开拓看得异常重要；也正是新月自由主义知识分子在争取言论自由方面的不懈努力，才使得自由主义学说和基本精神借助期刊媒介得到了最大限度的传播。

从当下现实来看，社会正处在一个由政治社会向媒介社会转型，由臣民社会、市民社会向公民社会转型的关键时期。媒介社会要求信息和观点能够共同分享和自由流动，公民社会要求个体权利得到充分尊重和绝对保障，这就必然要求个体在利用和享受媒介表达观点和提升自我时享有充分的表达自由权利。言论和出版自由是表达自由的基本内容，而媒介自由则是言论和出版自由的重要领域。今日媒介享有的自由程度得益于制度改进，更是无数知识分子竭力争取斗争的结果。回到历史现场，新月知识分子所处的是一个政治纷乱、经济凋敝的时代，也是一个纸质传媒异常发达的时代。他们借助创办刊物和参与出版，力倡自由、民主、法制等现代理念，通过批评时政发出自己的声音，从而获取话语权。反观新月之群的发展轨迹，媒介是他们的防身御敌之本，也是他们的栖身之所。可以说，没有媒介的容载就没有他们的思想，没有媒介的传播就没有他们的声音。因而，用传播学理论和媒介研究方法来探讨《新月》月刊的自由媒介实践，可以还原历史真相，挖掘出新月知识分子与时代主流对峙的深层动因。

社会的发展进步是各种思潮合力作用的结果，没有哪一种思潮可以作为救世主享受特殊优待，也没有哪一种思潮应该彻头彻尾地被戴上"反动"的帽子。《新月》月刊是"新月派"的重要阵地，而"新月派"在中国一直被视为一个自由主义的文化流派加以批判。在新的时代氛围和语境下，这一称谓的所指和感情色彩应该有所变化。自由主义固然曾经是西方文化思潮的主潮，但它更是人类智慧的共同成果，没有必要也不能够对其产生先天性排斥；追求个体自由固然是自由主义的主旨，但又何尝不是人的天性？所以，超越意识形态壁垒，寻求和尊重"普遍人性"的合理性，在崇尚交流共赢的当今语境下，无疑具有特别重要的意义。而要想达到这一目标，人格独立和思想自由是必不可少的条件。在知识分子或被赎买或被边缘化的大背景下，培育一批有良知、有思想、有地位的自由知识分子，保护一脉宽容的、稳健的、独立的自由主义文化香火，成为多元共生的文化生态里一种必要和必需的选择。在这样的背景下，对《新月》月刊及其相关对象和领域的系统梳理与深入研究，可以充实当前文化仓库里原本稀缺的自由主义思想资源，丰富《新月》月刊研究的途径和视角，有利于还原一直以来争议不断的"新月派"的本来面目，更有利于自由主义的当代复兴和知识分子的精神重建。

随着传播学理论和方法的引入，近几年的文学研究，期刊作为研究对象越来越受到研究者的青睐和重视。现代中国文学和文化研究中期刊研究起步较早，成果也很多。既有研究者从期刊史、思想史、文化思潮等方面做整体勾勒，也有人对《新青年》等重要期刊做细致的微观研究，而且产生了不少优秀成果。但与此同时，研究的瓶颈也逐渐显现出来。受到史料来源限制和理论创新难度的影响，文学领域的期刊研究出现了一定程度的混乱：有的期刊史研究几乎成了期刊出版的史料堆积，有的思想史研究涉及期刊的内容则变成了纯粹的文本分析，有些关于期刊的文化研究则变成了囊括一切的大杂烩。基于对这一现状的把握，笔者力图突破思维局限，通过打通理论边界，提出和界定了自由媒介这一关键概念，将《新月》月刊作为自由媒介的典型代表进行研究，将期刊研究与文化思潮结合起来，通过对《新月》月刊及相关媒介、文化载体的整体分析和局部考察，探析自由主义思潮在 20 世纪二三十年代的时代发展轨迹和遭遇最终命运的深层根源，从而为期刊研究开拓新的视野，为媒介的自由表达权利提供历史和现实的合法性。

二

对《新月》的研究（包括批评）可以说是伴随着《新月》月刊的出现而出现的。《新月》月刊1928 年 3 月在上海创刊，同年 7 月《创造月刊》上就刊载了彭康的批评文章《什么是"健康"与"尊严"？——"新月的态度"底批评》，对《新月》创刊号上的《〈新月〉的态度》一文表示了不满。1935 年出版的《中国新文学大系》中，《〈诗集〉导言》、《〈戏剧集〉导言》和《〈小说二集〉导言》涉及的关于"新月派"的论述有较强的学术性。李何林的《近二十年中国文艺思潮论》延续了此前研究者对"新月派"进行批判和斗争的姿态。王瑶的《中国新文学史稿》第二章第三节"形式的追求"提出和肯定了《晨报·

诗镌》时期的"新月派"（实际上是前期"新月诗派"）在诗歌创作上的格律化等主张；第七章将"新月派"与"现代派"并置，在分析各派代表诗人特征的同时，指出两个流派的诗歌对"大众"的"麻痹"作用，基本立足点是站在"革命文学"立场上的，所取的是批判视角①。丁易的《中国现代文学史略》在讲到"以鲁迅为首的革命文学阵营和反动文学倾向的斗争"时，首当其冲的就是"和买办资产阶级'新月派'的斗争"；在列举"没落的资产阶级文学流派"时，亦将"新月派"作为唯一的标题列出。② 司马长风的《中国新文学史》在第十八章总结三十年代的文坛时列出了《新月》月刊，指出了《新月》的非纯文学性质，也肯定了《新月》对培养年轻诗人的作用；在第二十二章指出，"《新月》杂志的出现，使酣睡的诗坛苏醒"，"除了新月诸人之外，没有第二个相当的诗人集团，也没有第二群诗人像新月诗人那样认真创垦诗园，开拓新路，培育新人"③，评价和立场是科学中肯的。刘绶松的《中国新文学史初稿》第三编第二章"思想战线上的对敌斗争"直接列出了与"新月派"的斗争；第六章更是将"新月派"和"现代派"的诗作为这一时期诗歌的"两股逆流"进行批判。④ 20世纪80年代中后期开始，文学史叙述和学术研究对"新月派"的评价才开始有所转向，并接近文学史的真实生态。1987年钱理群等合著的《中国现代文学三十年》用"自由主义作家"来概括一部分新月文人，不再像以前一样用"反动派"一词对其定位，从而赋予了这一群体文化上存在的合法性和合理性。1988年出版的魏绍馨的《中国现代文学思潮史》除考察新格律诗和梁实秋的文学批评外，也从自由主义存在的合理性来理解新月群体在文学论争和政治争夺中的态度和立场。之后的文学史和研究专著关于《新月》月刊和新月派文人的评价可以说已摆

---

① 王瑶：《中国新文学史稿》（上册），新文艺出版社1954年版，第73—82、197—202页。

② 丁易：《中国现代文学史略》，作家出版社1955年版，第93—95、287—294页。

③ 司马长风：《中国新文学史》（中卷），昭明出版社有限公司1978年版，第12—13、171—173页。

④ 刘绶松：《中国新文学史初稿》，人民文学出版社1979年版，第223—229、301—313页。

脱了"斗争"思路和"批判"模式，力求以史料为基础，从历史实际
出发，开始逐渐还原历史真实，不断肯定其历史价值，研究方法更加科
学，观点也日益客观公允。

回顾关于《新月》月刊的研究，可以发现一个从分散化、零散化到
整体化、专门化，从标签化、脸谱化、政治化到日益学术化和客观公允
的学术历程。关于《新月》月刊及其相关媒介、社团流派的研究史料，
除了当时留下的所办期刊、媒体报道和研究者旁证之外，现在能见的资
料，一是当事人的书信、日记，为我们提供了最真实最可靠的第一手原
始资料；二是当事人或与之密切相关的见证人的回忆录和回忆性文章
（包括研究者的辑录编注）；三是作家年谱、传记和研究资料汇编，对
了解和研究新月知识分子在《新月》月刊存在的这一段时期的史料以
及他们的生平思想都有很大意义。

通过史料的搜集整理，产生了一些重要的考辨文章。尹在勤的《新
月派评说》是较早系统研究新月群体的著作之一，该书指出了"新月"
"派中有派"的事实，不再将新月派看作铁板一块，而是注意到了这个
群体的内部差异和动态关联，① 这对于理解新月这一群知识分子的分分
合合是很有启发的，也对我们认识整个中国现代文学史上的同人期刊、
同人团体的运行机制和困境有很大的参考价值和借鉴意义。陈子善的
《关于新月派的新史料》通过新发现的史料考证了新月书店的宗旨、创
办人的确切名单、正式开张的日期、发行所和编辑部最初地址、首任经
理兼编辑（编辑部主任）以及最初出版的书目，其结论摒除了以前研
究中的一些推测和误传，将新月书店和新月派的研究推进了一大步。②
沈卫威的《中国式的"费边社"议政——胡适与"平社"的一段史实》
梳理了新月知识分子的议政团体"平社"，以及死于腹中但转化于《新
月》议政栏目的《平论》刊物的一些史料。③ 侯群雄的《一份杂志和一
个群体——以〈新月〉为中心》涉及《新月》的缘起、态度、沉落和

---

① 尹在勤：《新月派评说》，陕西人民出版社1985年版，第59—86页。
② 陈子善：《关于新月派的新史料》，载王晓明主编《二十世纪中国文学史论》第二卷，东方出版中心1997年版，第210—216页。
③ 沈卫威：《中国式的"费边社"议政——胡适与"平社"的一段史实》，《史学月刊》1996年第2期。

文学实践,在《新月》面对国民党的控制压迫表现出的文化反抗方面提供了较为详细的史实。① 倪平的《〈新月〉月刊若干史实之考证》② 和《新月派的两个支柱:书店、月刊的起讫》③ 两篇文章提出了《新月》月刊"没有主编""总体上是文学杂志"以及"人心涣散"导致停刊的观点。后文关于新月书店成立时间和经理更换的结论也颇有价值。刘群的博士论文《新月社研究》从《新月》出世直至消散,将刊物的来龙去脉进行了系统梳理和详细考辨,与此同时,对刊物上发表的文章进行了归纳,通过栏目分析和文本呈现,总结了《新月》在不同类型知识分子执掌之下的异样风貌,以及这些不同风貌在中国现代文学和思想文化史上所起的不同作用。④

通过对史料的考辨,《新月》月刊、新月社、新月派的诸多基本史实得以明确。就《新月》月刊而言,从创刊到停刊的始末,创刊缘起,停刊原因,编辑人员起落及内部人事关系,"轮流坐庄"的编辑运作方式,编辑、发行的地点,月刊的性质,所刊文章的原作者考证,与新月书店的关系和业务联系,等等,都有了基本的定论或是重大的参考价值。

新月知识分子,包括受其影响与之关系密切的非新月文人,有很大一部分是自始至终热衷并沉迷于文学的艺术之宫的,由于他们的共同坚守和努力,在诗歌、散文、小说、戏剧、理论及批评方面取得了不可忽视的成绩,形成了所谓"新月文学"。《新月》期刊的文学研究成为一个非常重要的视角,很多成果都分散存在于关于"新月派"和"新月诗派"的研究中。朱寿桐的《中国现代社团文学史》、贾植芳主编的《中国现代文学社团流派》、陈安湖主编的《中国现代文学社团流派史》等,都是将新月派作为一个文学(文化)流派进行研究的。还有研究者从翻译、文论、批评等不同角度对新月文学进行了研究。《新月社翻

---

① 侯群雄:《一份杂志和一个群体——以〈新月〉为中心》,《新文学史料》2004 年第 2 期。

② 倪平:《〈新月〉月刊若干史实之考证》,《编辑学刊》2004 年第 6 期。

③ 倪平:《新月派的两个支柱:书店、月刊的起讫》,《中国现代文学研究丛刊》2005 年第 6 期。

④ 刘群:《新月社研究》,博士学位论文,复旦大学,2006 年。

译小史：文学翻译》对发表在《新月》和《诗刊》上的以及新月书店出版的翻译作品进行了系统梳理，是较好的查询资料，且注意到了"改译"和"翻译"的区别。① 《新人文主义者的追求——论梁实秋新月时期的文艺思想》用"人性论""以理制欲""折中保守"来概括梁实秋新月时期的文艺思想。② 《对峙与互补：论新月派在新文学界整体格局中的地位与影响》通过重读《新月》杂志，将新月派所倡导的格律诗学、国剧运动与新人文主义文学批评作为一个共通的文学思想体系进行整体性考察与探究，可以看作对"新月文学"所做的总体研究。③

　　《新月》月刊虽然在梁实秋、罗隆基执掌时期曾一度风行论辩和议政之风，致使刊物脱离了创办时的初衷，成为综合性的文化刊物，但是文学创作、翻译和批评在月刊中所占的比例仍然是有相当的优势的。刊物的最后几期在内容上也基本以文学为主。《新月》以文学开始，以文学结束，可以算作对以徐志摩为首的文学爱好者和殉道者的一种告慰。除了分存于前述的新月派、新月诗派的研究文章，对《新月》月刊做直接的、综合的文学研究的研究成果也不在少数。《多源与多元：从中国留学族到新月派》④、《新月派的绅士风情》⑤、《诗美的探寻："新月"诗派诗歌艺术美研究》⑥ 等著作都对"新月文学"有总体性论述和具体的文本解读，其中自然包括了对《新月》月刊上的文学作品和批评译介文章的论述。此外，李惠贞的《〈新月〉小说初探》对发表在《新月》上的小说进行了初步研究，提供了一些统计上的资料，而且对这些小说进行了分类，对其思想艺术特色做了总结。⑦ 略显遗憾的是，虽然作者认为"以政治结论代替艺术评论的简单做法，对文学研究带来了消

---

① 张少雄：《新月社翻译小史：文学翻译》，《中国翻译》1994 年第 2 期。

② 顾金春：《新人文主义者的追求——论梁实秋新月时期的文艺思想》，《青海社会科学》2002 年第 3 期。

③ 胡博：《对峙与互补：论新月派在新文学界整体格局中的地位与影响》，博士学位论文，山东大学，2001 年。

④ 周晓明：《多源与多元：从中国留学族到新月派》，华中师范大学出版社 2001 年版。

⑤ 朱寿桐：《新月派的绅士风情》，江苏文艺出版社 1995 年版。

⑥ 程国君：《诗美的探寻："新月"诗派诗歌艺术美研究》，博士学位论文，武汉大学，2002 年。

⑦ 李惠贞：《〈新月〉小说初探》，《暨南学报》1985 年第 4 期。

极的影响"，但文章仍带有较为明显的政治性评价标准和比较常见的社会学分析方法。

有关《新月》月刊的文学研究，经历了一个从以关注诗歌为主到诗歌、散文、戏剧、小说、批评和翻译的全方位深入考察，从脱离现实、表现风花雪月和小资情调的总体性批判否定到肯定个人生活和情感的合理性，并注重总结"新月文学"的艺术形式与美学价值的发展过程。无疑，随着研究的深入和视角的扩展，《新月》月刊文学研究尚有更多学术空白点值得探索。

新月知识分子本身是一个复杂的群体，《新月》及新月派很大程度上是超越文学的，对它们的研究也就不得不涉及文学以外的思想、文化甚至政治。而对《新月》及新月派的思想文化研究，首先遇到的是价值判断即评价问题。大陆出版的文学史和研究著作，对《新月》及新月派的定位和评价应该说日益接近历史本真面目。这从大陆学界对徐志摩、胡适、梁实秋的评价变化可以看出。张中良的《大陆文学史上的梁实秋身份问题》以梁实秋为例，提出了"如何评价赴台作家"的问题，实际上也提出了如何评价新月群体及其文学、文化活动的问题。① 随着政治环境的变化，开放程度的提高，史学观念的改变，对《新月》及新月派的思想文化研究也更客观、更广泛、更深入。

吴福辉的《现代文化移植的困厄及历史命运——论胡适与〈现代评论〉、〈新月〉派》从文化移植的角度，将胡适等在《新月》第二卷上挑起的关于法治和思想、言论、出版自由的讨论看作新月知识分子移植西方自由主义进入中国现实政治的一次尝试。西方的民主目标与中国的政治本体的水火不容导致了尝试的碰壁。② 朱寿桐的《新月派的绅士风情》指出新月派是中国现代文化史上最典型的绅士文化群体，并从政治文化观和文学观两方面阐述了新月派绅士化的观念体系，论述了新月派绅士化的文人风情。周晓明的《多源与多元：从中国留学族到新月派》

---

① 张中良：《大陆文学史上的梁实秋身份问题》，《中国现代文学研究丛刊》2004 年第 3 期。

② 吴福辉：《现代文化移植的困厄及历史命运——论胡适与〈现代评论〉、〈新月〉派》，《文艺争鸣》1992 年第 3 期。

从留学族群和留学文化、文学的视角考察了新月派的文化和文学活动。作者将新月之群看作一个以留美群体为主,吸纳了留英和其他群体的一个复合型次属留学族群,并概括了新月知识分子自由主义、改良主义的思想取向,皈依"英美"、拒绝"左右"的政治抉择,强调"人性"、要求"纯正"、注重"形式"的文艺思想。① 该著注重"源"的追溯、"流"的跟踪和"变"的把握,从族群视角和文化视域研究新月派,史料丰富,论证严密,结论新颖,是研究新月派的重要参考文献。

　　从政治文化主要是自由主义的角度研究《新月》文章的思想倾向,以及杂志同人的文学、文化和政治活动,是《新月》月刊思想文化研究的另一个重要视角。新月知识分子中的胡适、罗隆基、梁实秋、王造时等曾经为争取自由、人权、法治而与当局发生过龃龉,在新月派的研究文章中就有涉及这一问题的。如邵建的《新月知识分子的"人权论战"(1929—1931)》② 和魏晓耘、魏绍馨的《新月社作家与民国前期的人权与法治运动》③ 等。前者是一篇学术随笔,多为史实的陈述,而少有观点的论述。后者对胡适和罗隆基发表在《新月》上的关于人权和法治方面的文章进行了分析读解,对"新月人权事件"的经过进行了描述和评判,不失为对新月派和《新月》月刊进行研究的较为理想的学术生长点,但似乎未体现出足够的理论深度和独到的切入视角。在这方面最主要的是对胡适为首的自由主义知识分子这一时期的政治思想和实践的研究。这一研究也经历了一个从禁到放,从否定性评价到较为客观公正的历史还原的过程。在 20 世纪二三十年代新月派与左翼文学论争时,彭康的《什么是"健康"与"尊严"?——〈新月底态度〉底批评》和鲁迅的《新月社批评家的任务》就对新月同人的文学主张和批评发起过诘难。当胡适、罗隆基、梁实秋等集中火力对当权者发起"人权大战"时,固然也得到了一些人的支持,但更多的是来自大众和普通

---

① 周晓明:《多源与多元:从中国留学族到新月派》,华中师范大学出版社 2001 年版,第 271—318 页。

② 邵建:《新月知识分子的"人权论战"(1929—1931)》,《社会科学论坛》2006 年第 2 期。

③ 魏晓耘、魏绍馨:《新月社作家与民国前期的人权与法治运动》,《齐鲁学刊》2006 年第 5 期。

知识分子的观望怀疑，主流意识形态操控者的驳斥，甚至当局国家机器的直接压迫。长期以来，由于"新月派"这顶"帽子"产生的"压力"，学界对这一段历史的评价较多地受到政治意识形态的干扰。20 世纪 90 年代以前的文章对此基本持否定态度。这种状况直至 90 年代末仍未根本改观。如潘荣华、杨芳的《从〈新月〉看胡适的人权主张》对胡适发表在《新月》上的有关人权的文章进行了分解引用，但对胡适人权主张的评价却就事论事，认为胡适的主张是消极的，没有发掘这一运动的深刻根源和历史意义。① 这一思路在此问题的研究中是有代表性的。几乎到了 21 世纪，有关新月派自由主义知识分子的思想定性才真正走出政治阴霾的笼罩，走向学术讨论的空间。吴恒心的《〈新月〉杂志刊行时期胡适政治思想评析——兼评史学界在此问题上的一些看法》以《新月》杂志刊行时期胡适发表的一系列有关政治的文章及其实际从事的政治活动为据，对这一时期胡适政治思想的基本内容、作用及其政治倾向作出了评析。作者认为，《新月》杂志刊行时期胡适政治思想的主要方面是争人权、约法，抨击国民党的专制独裁，"反共"则是次要的，其基本立场是资产阶级自由派的改良主义，其攻击矛头相对而言是指向国民党的专制统治，其根本目的是要在中国实现以法治为特征的资产阶级民主共和政治。② 文章虽无新的观点，但史料丰富，评论持中，颇可借鉴。吴立昌的《1930 年前后之〈新月〉》对掀起"人权大战"时的《新月》的史实进行了梳理、归纳和评价，通过与左翼作家在批评政府、反抗压迫方面的实绩和斗争方法上的比较，肯定了当时的新月派追求自由、民主、法治的积极作用。此外，该文还分析了国民政府对《新月》采取的控制手段及其原因。③ 文章思维活跃，思路开阔，观点有活力，评价中肯，出自一个年近 70 岁的老人之手，是很难得的。

　　值得注意的是，对这一领域关注的热点也是研究的瓶颈，如何避免流于一般的史实叙述，而在史料发掘和观点拓展上有大的突破，确实是

---

　　① 潘荣华、杨芳：《从〈新月〉看胡适的人权主张》，《安徽农业大学学报》1999 年第 1 期。

　　② 吴恒心：《〈新月〉杂志刊行时期胡适政治思想评析——兼评史学界在此问题上的一些看法》，《江西社会科学》2001 年第 5 期。

　　③ 吴立昌：《1930 年前后之〈新月〉》，《中文自学指导》2006 年第 2 期。

一个并不容易解决的学术难题。

　　运用出版学、传播学理论研究《新月》期刊的编辑方式、广告经营等，是近年来《新月》研究的一个新的视角。石柳的《论徐志摩刊物编辑的现代性》从现代性的维度考察文学刊物与现代性的关系，指出了徐志摩主编的《新月》月刊等刊物编辑群体的"集体想像"方式对读者的影响。① 刘群的《学者的摇篮——论叶公超在新月时期的编辑活动》对叶公超在《新月》、《学文》时期的编辑活动进行了总结，提供了一些颇有价值的统计资料。② 从媒介传播的角度研究期刊广告，对文学性刊物的文化研究来说也是一种路向。《新月》的广告在中国现代期刊史上不算十分突出，但无疑也非常重要。这方面的研究其实开始较早。1996 年《中国图书评论》就发表了《新月的广告》一文，可惜多为广告文本的罗列呈现，而无具体的分析论述。近几年有人重新关注到了这一问题。彭林祥的《〈新月〉文学广告的写作艺术》和《散落的珠玉——论〈新月〉杂志上的文学广告》涉及了这一对象，但论述较为普通，未见理论支撑和精到之处。刘群的《新月社研究》在谈到《新月》月刊停刊原因时，从杂志收入的角度提及了广告问题，但这也只是略略带过。王建丰的《从〈新月〉译著广告看新月派翻译思想》从小的切入点入手，将广告与翻译结合起来进行研究，颇有新意。③ 总的来说，这方面的研究还可以更加深入。

三

　　随着学术禁区的开放和价值立场的转变，《新月》及其相关对象近年来越来越成为关注的热点。学界主要运用考据学和实证研究的方法对《新月》月刊及相关问题进行考证辨析；运用出版学、传播学理论对其进行编辑出版和传播研究；运用自由主义、政治学和现代性等理论对其进行思想文化研究。就目前研究现状而言，存在着就刊物研究刊物的

---

　　① 石柳：《论徐志摩刊物编辑的现代性》，硕士学位论文，东北师范大学，2005 年。

　　② 刘群：《学者的摇篮——论叶公超在新月时期的编辑活动》，《兰州学刊》2006 年第 4 期。

　　③ 王建丰：《从〈新月〉译著广告看新月派翻译思想》，《淮北师范大学学报》2014 年第 4 期。

状况。很多文章都只是在呈现和描述本来就存在着的事实，或者只是将本来存在着的东西稍加整理，而没有新的材料、新的观点和新的方法。研究的局限，一是史料难有新的收获，由此造成研究者引用材料的重复，并且难以得出新的结论；二是思维方式上一定程度的固定化、模式化，没有能够把《新月》月刊同新月书店、新月派以及其他与新月群体相关的刊物、团体和机构组织有机合理地联系起来。如此，研究者需要突破期刊研究的单一性和细节考辨的烦琐；探求刊物媒介与出版实体之间的深层关联；把握现代文人知识分子面对大众传媒的自我选择和社会选择；考察出版、发行的市场运作机制对文学精神和形式的影响，对作者群体和读者群体的影响，以及由此形成的政治威权主义、经济唯利主义和文化自由主义之间的博弈，在话语争夺中分析期刊媒介的文化权力运作方式和有效性。由此出发，可以从更广阔的视角作更深入的思考。《新月》月刊及新月同人在现代中国文学、文化进程中所起的特殊作用何在？《新月》月刊代表的知识分子群体与当局特殊而微妙的关系的深层原因何在？在媒介控制和反控制的较量中，媒介在政治民主化、思想自由化和文化多元化的现代化进程中起到了什么作用？扮演着什么角色？在公共言论空间的拓展和公共领域的形成过程中有什么作用？有多大意义？《新月》月刊及同人在中国自由主义黄金时期的自由主义实践到底应该如何评价？到底有多大价值？对中国当下的人文关怀、知识分子责任感有什么启发？等等。这些都可以从同人期刊的角度，从传播学和媒介研究的角度，从自由主义的角度进行综合研究和重新审视。而这些问题的研究推进，将会对《新月》月刊甚至整个中国现代文学期刊研究，新月派、新月社的社团流派研究，新月书店及现代出版研究，新月同人及整个中国自由主义文学、文化研究起到应有的推动作用。

在本书的总体框架中，"自由媒介"是对《新月》月刊的基本定位，也是贯穿整个著作的核心概念，应该对其内涵和外延进行厘定。西伯特、彼得森和施拉姆在他们合著的《传媒的四种理论》中，提出了传媒的威权主义理论、传媒的自由至上主义理论、传媒的社会责任理论和传媒的苏联共产主义理论四种理论框架。① 这种对传媒的"四分法"，是从国家之间传媒体制的差异出发所做的类型划分。与之所指的传媒的自由（至上）主义不同，本书所使用的"自由媒介"概念，则是从媒介的外部环境、媒介的内在精神和媒介内容的基本取向入手所做的综合界定：

> 自由媒介是拥有或致力于追求充分的媒介自由，有自觉的社会责任感，以自由主义理念为基本原则和价值取向的现代媒介。

自由媒介应该拥有充分的媒介自由，并致力于开拓和守持这份自由。自由表达权是公民的一项基本人权，言论、出版自由权利是自由表达权的重要内容。随着社会进步和各国人民的不懈斗争，这一观念已经或正在成为世界的共识。法国早在 1789 年就产生了《人权和公民权宣言》。两年之后的 1791 年，美国宪法第一修正案诞生。此后，世界各国大都将这一基本人权写进了本国宪法。联合国于 1948 年发布了《世界人权宣言》，之后又颁布了《公民权利和政治权利国际公约》等一系列人权条约。我国宪法第三十五条规定："中华人民共和国公民有言论、出版、集会、结社、游行、示威的自由。"② 期刊作为一种定期发行的传播媒介，对媒介自由的诉求，不仅需要国家提供言论、出版自由的法律制度保障，更重要的是能够实施真正保证言论、出版自由的司法实践。《新月》所处的 20 世纪二三十年代，社会政治环境使得国家权力尚未全面覆盖社会领域，从而形成了政治交叉地带和权力空隙，加之国家政治哲学对自由价值一定程度的认同，客观上成就了自由媒介所需要的媒介自由环境，为媒介自由的实现提供了天然的有利条件。《新月》正是在这种"空隙"和"夹缝"中获得了成为自由媒介的外在条件。

自由媒介应该有自觉的社会责任感，这是自由媒介内在的媒介自律的根本要求。正如自由不等于为所欲为一样，自由媒介也不能随心所欲

---

① ［美］弗雷德里克·S. 西伯特、西奥多·彼得森、威尔伯·施拉姆：《传媒的四种理论》，戴鑫译，中国人民大学出版社 2008 年版。对这四种理论的划分是该书的基本框架。

② 《中华人民共和国宪法》（2004 年修正）。

行超出媒介功能之外的事。它应该为个人观点和思想的表达提供平台，应该尽可能满足不同利益的群体诉求，更应该致力于承担传承文明、传播文化，提高公民的文化素质与政治素养，培养公民的独立思考能力，促进社会走向合理、公正、平等、自由等一系列社会责任。《新月》的办刊方针和用稿原则兼顾了作者的个体和群体差异性，秉持了媒介公正的立场，在客观上起到了开启民智、促进社会进步的作用。

自由媒介应该以自由主义理念为基本原则和价值取向。自由主义作为一种思潮自然是流派众多，主张各异，但无疑存在着基本共识，比如对于自由、平等、民主、法治理念始终不渝的信仰和追求，对公民权利的不懈争取，以及渐进改良的非激进道路，宽容容忍的多元思想等。不可否认，这些尊重人性，以人为本，包含了人类优秀智慧的价值体系和制度设计，应该成为人类共享的财富。即使是意识形态对立的阵营，也应该吸收和借鉴其思想文化里的合理内核。从这个意义上说，自由媒介在本质上应该绝对拥护自由主义基本理念，着力促进人的个体自由发展和自我实现。在此基础上，可以而且应该对形形色色的思想——包括自由主义的不同流派——保留批判意见。就《新月》月刊而言，刊行于此的诸多文章，内容上推介和传播了自由主义思想，精神上契合了自由主义理念；而在与《新月》相关的编辑、出版、发行工作和新月同人团体的文学、文化、政治实践中，同样恪守了自由主义理念的基本原则，体现了自由主义的基本价值取向。

正是带着对前述问题的思考，以及对自由媒介的探索欲望，本书才选择《新月》月刊作为研究对象，运用文学、传播学、社会学理论及媒介理论，将《新月》月刊作为一种自由媒介和文化现象进行研究，将自由主义思潮和媒介自由理论结合起来，力图通过对新月知识分子自由媒介理念的总体定性，把握其与当局的矛盾态度，以及新月同人的内部分歧和群体共识。

第一章

"五四"前后的媒介生态

"五四"时期是中国的政治、文化急剧动荡的时期，也是媒介异常发达的时期。"五四"前后，媒介技术不断进步，媒介制度日益成型，媒介从业者日益职业化、专业化，现代传媒企业逐渐形成，这些都为现代媒介的发生和发展创造了条件。这一时期，政治对媒介的控制出现一定程度的松动，经济因素也对媒介产生了一定的刺激作用，加之教育发展和文化解冻，使得媒介处于一个利于发展的历史背景之中。从这一时期媒介的整体格局来看，呈现出报纸、期刊和图书"三位一体"的媒介形式，"启蒙"与"革命"双重变奏的媒介内容。可贵的是，在这一时期，自由媒介以其特殊的方式登上了历史舞台。

第一节 现代媒介的发生

就信息传播而言，媒介是一种建立在一定的物理材料和技术条件之上的交流传递信息的中介和工具。现代媒介这一广泛使用的名词可能缺乏严格的界定，但从使用者的意识和思维习惯里，包含着一些共识。

首先，从时间矢量上看，现代媒介是与传统媒介分离的。随着媒介物质技术条件的不断发展进步，媒介形式也在不断更新演变，因而，现代媒介在人们心目中成了一个不断被超越的命题。但由于新旧媒介之间并非绝对取代，而是在很大程度上具有前后承继的关系，故而与媒介形式更新相关的核心内容——媒介技术的变革引起的媒介形态的变化，便成为是否将一种媒介视为现代媒介的主要依据。

继而，从媒介生产方式、产品价值、功能影响等方面来看，现代媒介不注重唯一性和原创性，而是机械复制和批量生产；现代媒介不再实行知识垄断和信息独占，而是最大限度地推进知识和信息的大众化、民主化进程；现代媒介立足于人的现代进取追求，反映和塑造人的现代心理、欲望、人格和生活方式。

最后，从传播媒介的发展历史来看，现代媒介的界定不在于现代与传统对立的惯常思维（这种思维关注更多的是媒介介质的物理形式），事实上，不同媒介介质的媒介可以因为其传播方式和特性的相近而同归于现代媒介的范畴。

由此可见，我们习用的现代媒介，是一个包容广泛的庞大家族，也是一个不断更新的变动领域。图书报纸、广播电影、电视、计算机……这些印刷媒介和电子媒介的典型代表都是我们熟悉的现代媒介。本书的研究对象为《新月》月刊，属于印刷媒介，因而，这里所讨论的现代媒介，当为批量生产的纸质印刷媒介，而种类又尤以期刊为主。在媒介史上，无论是媒介自身的发展状况，还是研究者对媒介的关注程度，印刷媒介的主力无疑是报纸，图书是一种传播方式不同于报纸的"准大众媒介"，期刊应该说是处于二者之间的一种特殊印刷媒介。期刊的定期出版相对图书的非定期培养了读者更多的阅读惯性和期待，因而有相对固定的接受群体；相对于图书的专业性和针对性，期刊的内容又有更大的包容性和灵活性。但同时，期刊相对于报纸，虽然拥有较为固定的"高端"阅读者，具有相对集中的媒介内容，却又没有报纸那样的敏感嗅觉和轰动效应，不及报纸巨大的读者数量。期刊的编辑、出版、发行、阅读、影响等，都与图书和报纸有着很大区别。

以印刷纸张为媒介介质的现代媒介的发生，是在社会发展到特定阶段的文化氛围的孕育下，物质技术、人文智慧和机制制度等多重因素共同作用的结果。中国现代媒介的发生，源于时局环境的诱发、社会需要的拉动、物质基础的铺垫、技术条件的支持、媒介机制的促进、媒介从业人员的主导、媒介机构实体的孕育，等等。这里既有物的因素，更有人的因素。下面从几个主要方面综合分析这些因素对中国现代媒介的发生产生的作用和影响。

一　媒介技术的进步

媒介技术是一切技术在媒介领域的应用。就纸质印刷媒介而言，造纸、铸字、印刷、装订等环节的技术发展和机械化程度都是媒介技术发展的关键，而印刷术则是印刷媒介技术的核心。1440年，德国金匠谷登堡研制成功世界上第一台木制印刷机（"谷登堡印刷机"），达到了每小时单面印刷250张左右的印刷速度。此外，他又先后发明了铸字盒、冲压字模、铸造活字的铅合金、印刷油墨和一整套印刷工艺。[1] 谷登堡的这些发明创造，被视为欧洲甚至世界媒介史上具有划时代意义的重大事件。这些技术和工艺的应用使得印刷更加省力省时，便捷高效，印刷出版事业因而获得了飞速发展。大规模、高效率的印刷出版，将欧洲从"黑暗时代"解救出来，打破了贵族和神职人员对知识和信息的垄断，整个欧洲一步步走向科技发展和文艺复兴之路；以此为基础的媒介大发展，使纸质印刷媒介在国家控制管理、社会公共事务和人们日常生活中占据越来越重要的地位。之后的几个世纪，以报纸为主，包括书籍在内的印刷媒介成为市民阶层和资产阶级扩大见闻、增长知识、培养"公众"精神、提高文化品位的重要载体。与之相应的，由媒介发展带来的现代化和民主化效果也相应影响着欧洲乃至世界的民主现代进程——虽然随着新的媒介形式的出现和社会环境的变化，有人对媒介繁荣与国家社会的民主化、现代化的关系提出了颇有道理的不同见解。或许正是看到了印刷术的出现带来的社会历史进步，日本著名科学技术史学者汤浅光朝才断言："印刷术的发明作为人类解放思想的武器，与火药的爆炸力相比，其强烈影响之所及是更大的。中世纪学术被僧侣阶级垄断，哲学成为神学的婢女，科学堕落为巫术，技术被禁闭在行会的小圈子里，这些都与缺乏保存和传递知识的工具有关。在使世界理性的生命力变得旺盛并使其水准显著提高方面，印刷术的文化史价值是必须给予极高评价的。"[2]

中国作为一个为人类发展贡献过光辉灿烂文化的文明古国，在出版

---

[1]　闵大洪：《传播科技纵横》，警官教育出版社1998年版。此处参见该著第二章第一节。

[2]　同上书，第20页。

文化方面也具有悠久历史。造纸术和印刷术两大发明就是与印刷出版直接相关的两大关键技术。就印刷技术而言，在劳动人民的生产实践特别是佛教徒的努力钻研下，经过长期的物质准备和技术积累，将阴文正刻的捶拓技术与阳文反字的印章技术结合起来，扬长避短，最终形成影响了中国文化进程的雕版印刷技术，并于公元868年（咸通九年）印出了图文并茂的完整经书《金刚经》。[①] 唐朝的雕版印刷和北宋的活字印刷技术的应用，使文化典籍（主要是官书和佛经）在中国的传播逐步摒弃了手抄为主的方式，从而进入较大规模的印刷复制传播时代。

中国古代的印刷技术对世界文明做出了重要贡献，欧洲对印刷技术的改良和发明都受其影响，直至19世纪初许多来华的传教士都很推崇并予以采用，这从利玛窦对雕版印刷的介绍文字可以得到证实。罗伯特·马礼逊在1815年以前所有的中文著译都是木刻版印的。[②] 然而资本主义走上历史舞台的欧洲，经历了文艺复兴、宗教改革、工业革命和民主政治的大发展，这些历史进步在媒介方面的重大影响，无疑是以古登堡以来铅活字机械印刷为主要特征的近代印刷技术为重要支撑的。横向比较而言，历史进入19世纪，中国古代一度领先的印刷技术在近代的缓慢发展，较之欧洲快速步入工业化的印刷技术，优劣当然十分明显。这样，中国印刷技术要想实现近代化，就得反过来向西方学习，而在作为一种特殊的文化交流方式的文化殖民性入侵中，西方传教士在印刷技术的传入和改进方面起了十分重要的作用。

就纸质印刷的机械化而言，实现文字的复制再现是关键技术，而制造出实用高效的活字则是必须解决的首要前提。中国古代采用的多为木活字，浸信会教士马士曼在雕刻中文木活字时很快就发现了木活字的诸多缺点，于是他开始着手铸造铅活字，并于1813年用铅活字印刷出了《新约》中的《约翰福音》。由于教会之间的竞争，马礼逊随之也放弃了木刻版印的中式印法，转而寻求西式印法。继马礼逊之后，西方传教士采用不同方法研制中文活字。英国浸信会的雪兰坡印刷所，或采用整

---

① 肖东发：《中国印刷图书文化的起源（上）》，《出版科学》2000年第1期。
② 胡国祥：《传教士与近代活字印刷的引入》，《华中师范大学学报》（人文社会科学版）2008年第3期。

片雕成后逐行锯成长条的方法，或采用整片雕成后逐字锯开排印的方法，伦敦传教会的牧师戴尔则采用雕刻木版翻铸铅版再锯成单个铅活字的方法，这些都是在中式雕版的基础上制造活字的实践。然而传教士们注意到了中式雕版的缺陷，最终转而采用雕字范、冲字模、铸活字的欧式传统规范工艺来制造汉字的金属活字，并产生了勒格朗的"拼合字"和戴尔的"香港字"两种活字字模。尤其是戴尔及其施敦力兄弟发明的"香港字"，因为字模数量大大减少且采用欧洲规范工艺制造，一度成为19世纪五六十年代中文印刷市场上最主要的活字。随后，姜别利发明了电镀造字法，节省了雕字范、冲字模的时间，铸出的活字也更小巧、清晰和美观，且有不同的规格字号，这样造出的活字一直延续到20世纪初。[①]

　　解决了活字制造的难题，接下来就是印刷工艺的应用技术了。西方近代印刷术，主要是凸版印刷术、平版印刷术和凹版印刷术：凸版印刷术包括铅活字排版直接印刷，以铅活字版为母版采用泥版或纸型翻铸成复制版印刷，以及照相术用于印刷制版后产生的照相铜锌版印刷；平版印刷术包括石版印刷、珂罗版印刷和照相平版印刷；凹版印刷术则包括雕刻凹版印刷和照相凹版即影写版印刷。书籍和报刊的印刷以前二者为主。西方印刷工艺传入中国，同样经历了一个不断摸索和改进的过程。就凸版印刷而言，便经历了几次重要的技术替换：最先传入的铅活字版直接印刷技术，由于无法应付边排边印字，加之印后再印必须重排，不久就被更先进的技术取代；继之而起的是用排好的活字版压制泥型后浇铸铅版整版印刷的泥版印刷技术，澳门的花华圣经书房、上海的字林西报馆和申报馆等都曾采用此法；这种方法由于所用的泥版只能一次性使用，浇铸的铅版一旦损坏也无法再用，因而不久又被光绪年间传入中国的纸型取代，纸型不仅可以多次重复浇铸铅版，还便于保存和运输，19世纪90年代的上海便开始使用纸型，到了1920年，商务印书馆还购买了新式制纸型机。除此之外，平版印刷技术的采用也很广泛，上海点石斋石印书局首先采用石印技术印刷书籍和画报——《点石斋画报》，商

---

① 胡国祥：《传教士与近代活字印刷的引入》，《华中师范大学学报》（人文社会科学版）2008年第3期。

务印书馆于 1915 年和 1921 年分别引进胶印机和双色胶印机，成为当时印刷技术的先进代表。①

与印刷相关的铸字、排版、印刷等工序从手工操作步入机械化是印刷近代化的重要标志。铸字方面，随着汉字铅活字铸造技术的不断进步，铅活字浇铸开始由手工操作向机械化方向发展，先后经历了手拍铸字炉、脚踏铸字炉、手摇铸字炉，1913 年，商务印书馆引进"汤姆生自动铸字炉"，日铸字量达一万五千枚，且铸出的铅字可直接使用而不必加工修正，代表了当时铸字工艺的最高效率和水平。拣字排版方面，这一工序在中国传统的活字印刷中多为手工，也曾采用过元朝王祯发明的转轮排字架和清朝的武英殿字柜，但都不够理想；到了近代，曾经发明了电镀造字法的美华书馆传教士姜别利根据汉字使用频率发明了排字架，从而成倍提高了捡字速度；到 1909 年，商务印书馆对姜别利的汉字排字架作了改进，使之更适合于排印书版；最终，铸字机进一步发展后，新出现的排铸机将铸字与排版两道工序合二为一，极大提高了工作效率。印刷方面，印刷机械的传入，最早的是手扳架，后上海申报馆开始使用手摇轮转机，但都费时费力，效率低下；1906 年开始从英国购进了以电气马达为动力的华府台单滚筒印刷机即"大英机"，1912 年上海申报馆又购进了双轮转印刷机，1919 年商务印书馆又购进了二回转平台印刷机即"米利机"，至此，印刷效率和质量都有了前所未有的提高；此后更有带折页设备的滚筒纸、双面轮转印刷机和彩色滚筒纸轮转印刷机的引进，这些印刷机的速度之快、质量之佳，更非以往印刷机可比。②

除了上述技术自身进步及其日益提高的机械化程度，一些辅助性的媒介技术如纸张、油墨、颜料等印刷耗材的生产技术的发展，也是现代媒介发生不可或缺的重要技术支持。虽然 19 世纪末在上海、武昌都建有造纸厂，民国初期在上海也建立了专门生产印书黑墨的油墨厂，并生产出了彩色油墨，但在印刷需求不断增长和纸质媒介日益发达的清末民

---

① 闵大洪：《传播科技纵横》，警官教育出版社 1998 年版。此处参见该著第二章第一节。
② 邹毓俊：《印刷概论》，测绘出版社 1993 年版。此处参见该著第一章第三节。

初，这些材料在国内的生产远不能满足市场需求，每年都需要有大量进口，① 这在一定程度上增加了成本，延缓了现代印刷媒介在中国的诞生进程。

由此可见，现代媒介的产生是以一定的物质准备为条件，以相关的技术支持为基础的。媒介技术的发展进步决定了媒介形式的具体形态，它直接影响着媒介生产的效率与质量，制约着媒介消费的条件与习惯。中国现代印刷媒介，正是在造纸和印刷所需的物质条件的基础上，经历了中文活字铸造技术的成熟，制版技术的逐步完善，再到印刷工艺的机械化操作，并辅之以印刷材料的生产改进，一步一步催生出来的。而在其产生和发展的进程中，媒介技术始终是最核心、最关键的首要因素。

二　媒介制度的成型

一般而言，狭义的媒介制度指的是媒介运作的规则体系，既包括国家总体建构框架下的宏观媒介体制和控制政策，也包括媒介组织和机构内部实施的运行机制和管理规章。这里所说的媒介制度，指的是一种行业之间通行的制度性规则。就印刷媒介而言，主要是著作权制度和稿酬（版税）制度。

关于著作权和版权的争论一直存在，在一般人的意识里二者的用法和含义似乎有所不同，历史地看，二者也确实存在一些差别。版权（copyright）指的是"翻印权"，源于意大利、英国等早期为出版商颁布的特许令和印刷特许制度，主要是为了施行对印刷物的控制和保护出版商的垄断经济利益。随着英国革命的胜利，17 世纪末期英国的特许法被废止，出版前的王室审查制度也随之终结，后又经过不懈的斗争，英国于 1710 年通过了安妮女王法，开始转而注重对创作者的权利保护。而著作权（author's right）即"著作人的权利"，法国 1793 年颁布的《作者权法》突出强调了作者个人的精神权利和经济权利，使得著作权成为效法大陆法系的国家的法律术语。② 中国现行法律已趋向于将二者

① 邹毓俊：《印刷概论》，测绘出版社 1993 年版。此处参见该著第一章第三节。
② 周艳敏、宋慧献：《古登堡之后：从印刷特权到现代版权》，《出版发行研究》2008 年第 9 期。

作为同义语而视为意义完全相同的两个名词。如 1990 年颁布的《著作权法》第五十一条规定："本法所称的著作权与版权系同义语。"① 2001年的《著作权法》（修订）第五十六条明确规定："本法所称的著作权即版权。"② 因此，本书也将二者视为同义语。

中国著作权（版权）制度的萌芽和初步形成，是近代至清末民初文化发展的重要进步。按学界的共识，中国很早就产生了著作权保护的观念意识，但一直到近代才逐渐形成著作权制度的雏形。近代以来，由于印刷技术的飞速发展，印刷物的翻印复制更加容易便捷，盗版活动变得越来越猖獗，严复、梁启超等有识之士开始通过上书言事或撰文疾呼的方式呼吁倡导对著作者权益实行保护。与此同时，中外文化交流更加频繁，而洋商便借此提出了对本国印刷物著作权的保护要求。1903 年，清政府与美国、日本同时签订了《续议通商行船条约》③，条约规定了中国政府对日本和美国在中国出版的相关书籍负有著作权保护的责任。1908 年，日本和美国签署了《日美在中国境内保护本国发明意匠等商标及著作权条约》，条约规定对于"此缔约国臣民之文学美术，并摄影之著作权，其在中国境内，应与在彼缔约国境内，享受同等之保护"④。有了这些条约的保护，此后的日美两国便利用它们向中国出版界获取经济利益，甚至还因为著作权纷争引起过国际诉讼。内部促动和外部压力的共同作用，加上统治者想通过对印刷媒介的有效管理来压制言论、控制舆论和钳制思想以挽救濒临危亡的政权统治，政府对著作权的立法保护这才"千呼万唤始出来"。1906 年和 1907 年清政府分别颁布了《大

---

① 《中华人民共和国著作权法》，1990 年 9 月 7 日第七届全国人民代表大会常务委员会第十五次会议通过。

② 《中华人民共和国著作权法》（修订），2001 年 10 月 27 日第九届全国人民代表大会常务委员会第二十四次会议通过。

③ 中日条款第五款规定"日本臣民特为中国备用起见，以中国语文著作书籍以及地图海图执有印书之权，亦允由中国国家定一章程，一律保护，以免利益受亏"，中美商约第 11 款规定"凡专备为中国人民所用之书籍地图印件铸件者，或译成华文之书籍，系美国人民所著作，或为美国人民之物业者，由中国政府援照所云保护商标之办法及章程极力保护十年，以注册之日为始"。见（清）朱寿朋编《光绪朝东华录》（五），中华书局 1958 年版，第 5085、5082 页。

④ 作者不详，《外交报》第 220 期，见《外交报汇编》第 26 册，广文书局印行中华民国五十三年影印初版，第 563 页。

清印刷物专律》和《大清报律》，但因规定"本律通行各直省。其余各项领土，即仰各地方该管官酌量办理"①而引起出版界的不满。1910年，经过充分的准备和修改，历时数年，几易其稿的《大清著作权律》颁布，中国终于产生了真正意义上的著作权保护法律文本。该法明确规定了著作权的概念、著作物的范围、注册手续、保护期限、著作人的权限、侵犯著作权的处罚等，使得译著者和出版法人对著作权的保护不再仅仅依靠政府的告示和民间的自发要求，而是有了可资依凭的法律武器。虽然这部法律最终未能践行，但这是国家和政府对著作权的最终认可，有利于树立公民的著作权观念和保护意识，为以后的相关立法提供了宝贵的经验。1915年北洋政府重新颁布的《著作权法》基本上以《大清著作权律》为范本，1928年南京国民政府又颁布《著作权施行细则》，也对该法有借鉴之处。

著作权观念的增强和著作权制度的逐步形成，在加强了出版物管理控制的同时，无疑保障了著作者的精神产品所有权和由此衍生出的物质利益。稿酬（版税）的出现和逐步制度化便是维护著作权所有者经济利益的重要体现。

中国古代作文受酬之事并不少见，但总的来说，"只言闲耻言钱"则是文人雅士甚至一般读书人的"清廉高洁"之举，故而在漫长的文化发展历程中，文学市场的发育并不成熟，"稿酬"的出现也是迟至19世纪末的新鲜事，而最先实行者便是《申报》。《申报》创刊第五年的1877年，载有一则"有图求说"的广告，一改过去发表文章"概不取值"的傲慢，而宣称对所求之"说""择其文理尤佳者一卷，愿送润笔洋20元，次卷送洋10元"②。1884年，创刊不久随《申报》附送的《点石斋画报》在《申报》上刊登了一则《招请各处名手画新闻》的《启事》，申明凡"足以列入画报者，每幅笔资两元"③。《申报》开创

---

① 张静庐：《中国近代出版史料初编》，上海出版社1953年版，第312页。

② 《申报》1877年10月17日。

③ 《申报》1884年6月4日。载："本斋印售画报，月凡数次，业已胜任。惟外埠所有奇怪之事，除已登《申报》者外，未能绘入图者，复指不胜屈。故本斋特告海内画家，如遇本处有可惊可喜之事，以洁白纸新鲜浓墨绘成画幅，另纸书明事之原委。如果惟妙惟肖，足以列入画报者，每幅笔资两元。"

了我国近代用稿付费的先河，而 1902 年刊登于《新民丛报》的《新小说社征文启》①，在为梁启超创办的《新小说》杂志征稿时则明确规定了"征文例"和"酬润格"②，体现了稿酬发放时文类有别、著译有酬、分等论级、明码标价的原则。此后到民国初年创刊的很多刊物，如《月月小说》③（1906）、《小说林》④（1907）、《小说月报》⑤（1910），还有《礼拜六》（1914）、《小说大观》（1915）、《小说画报》（1916）等都遵循着发文计酬的"潜规则"了。到了民国初期，以前仅以书券或者样刊相赠送的诗文作者，也开始与小说作者一样获得货币化的稿酬了。⑥

作者或译者从出版机构获得版税也属于稿酬收入的重要部分。早在 1897 年，大同译书局就在《叙例》中声明："海内名宿，有自译自著自辑之书，愿托本局代印者，皆可承印，或以金钱奉酬、或印成后以书奉酬，皆可随时商订。"⑦ 由此可见，此时版税的支付形式未定，可钱可书，且需"商定"而无定例，至于版税率，则尚未提上议事日程。版税率的高低，主要取决于译者或作者的知名度，但也逐步形成了一个大致的标准。1899 年严复致信张元济所得到的所译《原富》的版税为"二成"；1901 年 3 月东亚益智译书局在《同文沪报》所登广告中正式提出了"提每部售价二成相酬"（即 20%）的版税标准；而在 1903 年，

---

① 后刊于《新小说》创刊号，题为《本社征文启》。

② 按照规定，章回体小说在十数回以上者及传奇曲本在十数出以上者，自著本甲、乙、丙、丁四等每千字酬金分别为四元、三元、二元、一元五角，译本甲、乙、丙三等每千字酬金分别为二元五角、一元六角、一元二角。而杂记、笑话、游戏文章、杂歌谣、灯谜酒令楹联等，则不能奉酬金，惟若录入本报某号，则将该号之报奉赠一册，聊表雅意。参见《世界历史》编辑部所编《明治维新的再探讨》，中国社会科学出版社 1981 年版，第 181 页。

③ 第二号《月月小说征文启》："如有佳作小说，愿交本社刊行者，本社当报以相当之酬劳。……如有科学、理想、哲理、教育、家庭、政治、奇情诸小说，若有佳本寄交本社者，一经入选，润资从丰。"

④ 规定：凡小说入选者，"甲等每千字五元，乙等每千字三元，丙等每千字二元"。

⑤ 宋原放、李白坚：《中国出版史》，中国书籍出版社 1991 年版，第 244—245 页。卷首"征文通告"第 4 款：来稿"中选者当分四等酬谢，甲等每千字酬银五元，乙等每千字酬银四元，丙等每千字酬银三元，丁等每千字酬银二元"。

⑥ 如 1914 年创刊的《民权素》的《征文广告》便规定了来稿按优等、特等、中等付酬，这自然应当包括占据该刊绝大部分的诗词文，而不仅仅是小说。

⑦ 《饮冰室文集》之二，陈明远：《文化人的经济生活》，文汇出版社 2005 年版，第 50 页。

严复所译《社会通诠》与商务印书馆签订了正式的版税合同，约定 40％的版税率，似乎是一个例外。大体上，"从 20 世纪初期以来，上海出版界拟订的版税标准一般在 10％—25％之间"①。至此，我们可以得出结论，放下版税率的高低不论，从 20 世纪初开始，著译者可以通过出版作品获取一定的经济收益是毋庸置疑的事实了。随着图书消费市场的增加，这支队伍也随之增加，继严复之后，林纾成为获得丰厚版税的翻译家，而到了二三十年代，梁启超、鲁迅、张恨水等或因为名人效应或书籍畅销而获得很高的版税率，从而成为当时文坛的版税收入大户②。

无论是称为"润笔费"的稿费，还是称为"提成费"的版税，或者是称为"作价购稿"的买断版权，都是近代以来所谓的"稿酬"。这些不同形式的稿酬有一条各自发展成熟的线索，也有着共同的规律，稿酬采用货币支付的方式逐步实现惯例化，支付的标准日益走向固定化，支付的程序逐渐步入规范化，最终促进了现代意义上的稿酬制度的形成。通过写作获取稿酬的行为制度化以后，古代的作文受酬与近代的发文取酬的不同之处便十分明显：前者是一种朋友馈赠或朝廷恩赏，所得多为实物，且无定例，有很强的随意性；后者则是一项公平开放的制度，所得皆为货币，且按质取价，标准明细。稿酬制度"恩赐"之下的文人知识群体，从根本上摆脱了对官府权贵的人身依附，在物质基础的保障下，换回了作为文人知识分子最可宝贵的财富——人格独立和思想自由。这和著作权制度殊途同归。稿酬制度和著作权制度的实施，保障了智力劳动者的经济利益，也满足了他们的精神需求，当这一切作用于媒介从业者的时候，人的创造潜力便会得到最大限度的发挥。

三 媒介从业者的职业化与专业化

中国近代的传媒之门最先是由外国传教士打开的。在 19 世纪 70 年代第一批国人自办报刊出现之前，外国传教士的出版活动一直占据近代传媒事业的主体。一些科场受阻的落魄文人为洋人充当笔佣，或者在国

---

① 陈明远：《文化人的经济生活》，文汇出版社 2005 年版，第 55 页。
② 同上。载："北新书局支付鲁迅著作的版税一般是 20％，甚至达到 25％；而梁启超的身价最高，达到 40％，甚至提出'自印包售，六折算账。'"

人自办的小报谋生，地位低下，收入微薄。"社会优秀分子大都醉心科举，无人肯从事于新闻事业。惟落拓文人、疏狂学子，或借报纸以发抒其抑郁无聊之意兴。"① 由此可见，那时的媒介从业者都是一些"失意者"或"边缘人"，因而即使有王韬等优秀报人的努力实践，媒介的发展仍因缺乏乐业的专业从业者而举步维艰。到了 19 世纪 90 年代，由于维新变法宣传的推动和社会时局变化的需要，出现了第一次国人办报高潮。据不完全统计，"从 1895 年至 1898 年的三年间，全国出版的报刊有 120 种左右，其中 80% 以上是中国人办的"②，而"近代中国人自办的报刊，自 1873 年至 1895 年的 20 余年中，总共为 30 种左右"③，3 年国人所办报刊数量达到了先前 20 年的 3 倍。传媒巨子梁启超曾宣称："报馆者，国家之耳目也，喉舌也，人群之镜也，文坛之王也，将来之灯也，现在之粮也。"④ 足以证明，政治变革的需求导致了传媒的积聚膨胀，也大大提高了传媒的影响和媒介从业者的地位。

以 1905 年科举制度的废除为标志性事件，"三千年未有之变局"造成传统的"四民社会"走向解体，社会整体格局从"士绅社会"步入"知识人社会"，以教师、编辑、记者、出版人、自由撰稿人等作为职业的现代知识分子，共同形成了一个以学校、社团和传媒为主体的公共交往网络，⑤ 传媒在这个网络中起着独特和关键的作用。清末民初，随着报刊的发展，新闻从业人员也越来越多，以盈利为直接目的的职业化的小报如雨后春笋，满足着广大市民阶层的需要，政治报纸也发展迅猛，受到乱世知识分子和革命人士的欢迎，经过辛亥革命时期的第二次办报高潮，初步形成了报刊传媒发展的完整形态。到了 20 世纪 20 年代，新闻传媒基本形成了较为完善的组织机构，从业者的薪金酬劳更是"明码标价"，从总理（社长）、主笔（总编）、编辑长（主编）到编

---

① 申报馆：《最近之五十年》，文海出版社 1923 年版，第 27 页。
② 方汉奇主编：《中国新闻传播史》，中国人民大学出版社 2002 年版，第 86 页。
③ 同上书，第 92 页。
④ 梁启超：《〈清议报〉一百册祝辞并论报馆之责任及本馆之经历》，《清议报》第 100 册，1901 年 12 月 21 日。
⑤ 许纪霖：《重建社会重心：现代中国知识分子与公共空间》，载许纪霖编《公共空间中的知识分子》，江苏人民出版社 2007 年版，第 2—8 页。

辑、特派员、访员（记者）、校对等，形成了一套明细量化的薪酬标准，① 这从根本上大大推动了现代媒介的发展。

曹聚仁曾将中国的"文坛"和"报坛"比喻为一对"表姐妹"，并说"一部近代中国文学史，从侧面看去，又正是一部新闻事业发展史"②。近代文学发展和报刊的关系非常密切，文人办报也成为一种传统。五四新文化运动以后的 20 年代，随着新文学的发展，在上海、北京等地出现了一批文学青年，逐渐形成了专以写作为生的自由撰稿人以及在文化出版领域谋生和拓展事业的自由职业者，他们将稿费、版税、翻译费、编辑费作为自己的收入来源。与此同时，还有一些拥有一定经济基础和社会资源的专家、教授、学者，为了共同的志趣而经营着带有"同人"性质的期刊，并不以获取经济利益为主，有的甚至完全是无偿劳动。这样，在文学领域便形成了文学青年群和大学教授群两个重要的群体，成为或职业或业余（但很专业）的媒介从（参）业人员。

综而观之，在 20 世纪最初的一二十年，印刷媒介行业产生了侧重文学、侧重新闻和注重文化的三种媒介类型。从业者由于种种原因投身其中：有的纯粹为了生存需要，靠微薄的薪酬养家糊口；有的是为了职业需要，想做一个出色的作家、记者、编辑；还有的是为了表达需要，秉承"文人论政"的传统，寄寓"以言报国"的传统士人的道统梦想，同时经过时代的锻造脱胎换骨，力求成为一个传播文化知识、追求个体自由、批判改良社会的现代意义上的知识分子。但无论何种媒介类型，也不管从业者动机如何，至此，从事媒介传播日益成为一种非官方组织的自由职业却是不争的事实。专业化、职业化的采稿、撰稿、译稿队伍，编辑、校对、出版、发行队伍，加上准职业化的同人知识分子的媒介传播活动，使得现代媒介的产生发展具备了充足而胜任的从业人员，从而在智力资源上保障传媒在民族发展、社会变革和市民消费等方面力求起到最大的作用。

---

① 具体数字可参见戈公振《中国报学史》，生活·读书·新知三联书店 1955 年版，第 244—246 页。

② 曹聚仁：《文坛五十年》，东方出版中心 1997 年版，第 83 页。

四 现代传媒企业的形成

传媒机构是媒介生产的摇篮，其技术条件、组织结构和运作机制都直接关系到媒介产品的生产和传播的质量与效果。在传媒未步入市场化的20世纪之前的近代，媒介机构主要寄身于教会机构和官府实业，媒介机构的运作要么依靠政府的投入（如1868年创办的江南制造局翻译馆），要么依靠社会团体的支持（如墨海书馆、美华书馆、益智书局、广学会等，都是相应的基督教教会的出版机构），自主营业的只有点石斋书局、同文书局等少数出版机构。20世纪初开始，自营性出版机构有较大增长，1905年上海书业商会成立，一年后有22家出版社参加，①并且先后产生了商务印书馆、中华书局和世界书局三大出版巨头。20世纪头20年发展起来的大的出版机构，如商务印书馆、中华书局、世界书局等，都致力于引进先进生产技术，而且都拥有自己的印刷所，在技术设备和资本实力方面已经远远不是当初能比。从作坊式的手工操作到工厂车间的流水式作业，印刷技术进步使得设备机械化和自动化程度越来越高，这不仅能够成倍提高效率，不断完善质量，而且还能大大节约成本，这些都为媒介机构自身运转和媒介载体的升级创造了条件。与此同时，出版机构在人才培养上由师傅带徒弟的手把手式的方式发展到专业技术的学校式教育培养；人员任用上，由最初的家人、亲人血缘亲戚关系到老乡地缘关系，到最后的公开招聘考试；机构设置方面，由最初的单一部门到各个部门的分设和分工，直至编辑、印刷、发行的三位一体；机构内部人员分层级设置，并实行不同的薪酬标准；机构内部有公司章程以及总管理处、编审部、生产部、营业部、供应部、秘书处等各部门的办事规则，行业内部在售价、批发、寄售等方面也有成员必须遵守的章程和办法。②回顾中国图书和报刊出版机构的发展历程可以看出，从传统的私刻、官刻机构、书肆、书坊到近代书局，从进奏院、都进奏院、提塘报房、抄报房到近代的报馆报社，随着经济因素的凸显和

① 刘春银、林呈演：《图书出版事业发展》，载《中华民国出版事业概况》，台湾"行政院"新闻局1989年版。

② 汪耀华选编：《民国书业经营规章》，上海书店出版社2006年版。

与之同步的政治因素的弱化，近代的传媒机构在政治上与官方隶属机构的定位越来越远，在经济上对政府的依附越来越弱，出版的目的不再只是教会的宣传品，而通过包含宗教、教育、政治、娱乐等内容成为知识分子和市民阶层所需要的以营利为目的的文化消费品。文化自由市场在近代尤其是20世纪初的逐渐成形，使得传媒机构的生存日益依靠投身文化消费市场获取的经济利益。这些机构通过符合现代企业精神的改造，日益成为独立的经济实体，从部门式、家族式发展到企业式的传媒机构，初步实现了从外国资本、官僚资本向民族资本的转化，融资形式也从依靠拨款、捐赠到自主投资，再到合作集资，到了二三十年代，则出现了股份有限公司的形式。这样，现代媒介企业基本形成了，传媒机构开始以组织化的形式存在和发挥作用，为现代媒介完成近代转型走向现代化写下了最后一笔。

至此，中国现代印刷媒介发生的原点和历史轨迹已经明了，在近代晚清中西文化交流碰撞异常激烈的历史时机，随外国传教士来华一同带进国门的西方先进媒介技术与中国本土积累的技术经验进行了整合形成新的媒介技术，在有利于保护催生媒介发生的智力资源的媒介制度的孕育下，产生了职业化、专业化的媒介从业人员，他们在媒介生产、传播中日益组织化、规范化，使媒介机构最终形成现代传媒企业。现代媒介在技术中萌生，在制度中发育，在人力资源培育下成长，在组织化的企业里走向成熟。如果说媒介技术是生命之根，那么媒介制度则是孕育生命的土壤，媒介从业者是辛勤的园丁，在媒介企业这一块农场里，在拥有阳光、空气和水的媒介所需其他社会环境中，经过漫长的花期，最终结出了现代媒介这一枚来之不易的果实。在未来的历史进程中，它的种子将破土而出，在不同的季节和风向中展现不一样的文化风景。

第二节 "五四"前后媒介所处的历史背景

五四时期是中国社会由近代向现代转型的关键时期。在变幻的社会背景下，文化改良和文学革命借助现代媒介传播先进的理念，推动社会变革之后又成为历史发展新的社会前景。费正清曾经评价说："五四是一次政治行动，一次表面上有效的政治上反抗外国帝国主义的行动。"①
同时又说："在新文化的种种论题——尤其是对文化遗产的'全盘'否
定——的读者面扩大（已经在进行）的时期，五四只是标志了一个极易
引起争论的阶段。"② 这是对五四学生运动和五四新文化运动的两种定
性，有着内在的逻辑统一性。在社会的各种矛盾酝酿成政治事件的前前
后后，媒介为"论题"的"争论"提供了平台，也为各种思想的传播
提供了渠道，甚至为制造和促成各种情绪起到了推波助澜的作用；反过
来，社会环境的症候又对媒介的发展和发挥作用的有效性产生重要影
响。"五四"前后的政治、经济、文化和教育背景为媒介的发展提供了
绝佳环境，这一时期正是媒介从近代向现代转型的关键时期。

一　政治松动

一直以来，中国的报纸，无论是邸报、京报还是小报，自从产生以
后便一直处于封建统治者和封建机构的严密控制之中。市民性报纸尤其
受到各朝各代的管制和打压，民间书坊、私刻和官修图书的刻印发行也
受到官府的控制。尤其在元、清这些少数统治多数的封建王朝，对文字
传播媒介的控制更加严密。到了近代，基于大量复制技术的印刷媒介真
正形成。近代报馆和书局的创办者很多因为拥有西方传教士的身份而获
得了一定的活动空间，其出版的报纸、杂志和图书虽然也受到当局的约
束，但拥有固定的发行渠道和特殊的接受对象。国人自办的报纸和刻印
的图书在"师夷长技"的洋务时期和变法改良时期，受到了很多开明
封建官僚甚至官府的支持和扶助，使之拥有一定的官方背景。到了19
世纪末20世纪初，社会处于急剧动荡的时期，社会改良、底层革命以
及清政府统治的自我调整，无疑在客观上为报刊媒介的大显身手留下了
发展的巨大空间。然而媒介的发展无疑也给封建清王朝的统治造成巨大
压力。在清朝统治的最后十几年，印刷媒介的发展突飞猛进，出于维护
统治和规范行业领域的需要，清政府先后制定了《大清印刷品专律》、

---

① ［美］费正清编：《剑桥中华民国史》（上卷），中国社会科学出版社1994年版，第
479—480页。

② 同上书，第479页。

《报章应守规则》、《报馆暂行条规》、《大清报律》、《钦定报律》等，对出版机构和出版物的呈报、批准和处罚都做出了明文规定。在媒介控制方面，清政府采取了各种措施打击限制激进和革命报刊的发展，1903年的"苏报案"就是典型例子。整个清末，据统计，从1898年至1911年，至少有53家报纸遭到摧残，其中30家被查封，14家被勒令暂时停刊，其余的分别遭到传讯、罚款、禁止发行、禁止邮递等处分。办报人中，有2人被杀，15人被捕入狱，还有百余人遭到拘留、警告、遵释回籍等处分。① 如果站在承认一个政府统治的合法性的角度来看，对媒介的控制管理——至少是合理约束——也应当具有相应的合法性，政府对于具有明显挑战自己统治合法性，甚至公开大肆宣扬要推翻自己统治的媒体实施处罚，也在情理之中。清末确实曾经一度加强了媒介控制，但这一趋势具有政治动荡和媒介爆炸式发展的时代背景。即使在清末发生了"苏报案"这样的政府清剿媒体的事件，但就整体而言，清末政府对媒介的控制力并不比它之前的任何一个朝代强大，因为晚清媒介内容表达出来的反抗情绪，无疑超过中国历史上的任何一个封建王朝。清末的媒介立法确实在一定程度上压制了媒介的自由发展，但其客观上在将政府对媒介的管理从人治的随意状态纳入法治的有序轨道这一点上做出了重要贡献。

清王朝覆灭以后，政权更迭频繁，政治局势对媒介的影响也是变动不居。辛亥革命胜利后，信仰言论出版自由的资产阶级革命派按照自己效仿美国创建民主国家的革命理想，积极拓展媒介的自由空间。1912年颁布的《中华民国临时约法》规定了"人民有言论、著作、刊行及集会结社之自由"，并规定了以法律限制这种自由的条件为"认为增进公益、维持治安，或非常紧急必要时"②。民国政府通过废除清王朝限制言论出版自由的旧法，制定颁布有利于新闻事业发展的新法，并在实践中扶持报业，善待报馆报人，自觉接受舆论监督等措施，基本确立起了有待进一步实施完善的自由新闻体制。北洋军阀时期的袁世凯，因为

---

① 徐培汀、裘正义：《中国新闻传播学说史》，重庆出版社1994年版，第212页。
② 《临时政府公报》，第35号，第2、3页，1912-03-11。转引自方汉奇主编《中国新闻传播史》，人民出版社2002年版，第148页。

一手炮制了"宋案"和善后大借款，并一意孤行做出试图恢复帝制的倒行逆施，受到了全国报界的一片讨伐。为了闭塞视听，袁世凯政府通过出资收编旧报和创办新报，送礼金、发津贴收买报纸报人，加强控制媒介的立法和执法等手段，极力钳制媒介尤其是进步报刊的发展，尤其在"二次革命"失败后，袁世凯发起了针对新闻界的大扫荡，制造了新闻媒介史上臭名昭著的"癸丑报灾"。袁世凯死后随后上台的黎元洪曾实行过一些措施纠正袁世凯对新闻媒介采取的高压政策，致使"1916年底，全国报纸数增至289种，比1915年增加了85%"①，但在"府院之争"中胜出的段祺瑞上台后，又加紧了对报刊媒介的控制。直至五四运动前后，北洋军阀政府的无能造成的内忧外耻点燃了全国人民的反抗情绪和爱国热情，广大学生和知识分子通过报刊媒介宣泄不满情绪、发表申说评论、表达理性观点，一时间形成了伴随政治运动而起的难以控制的媒介浪潮，成就了这一时期媒介发展的又一个黄金点。

二　经济刺激

近代印刷媒介的产生和发生作用，在相当长的时期内是非经济化的。办报、办刊和印书的目的，或是如传教士意在追求宗教文化渗透，或是如精英知识分子意在开启民智唤醒民众，或是如革命者意在唤起和联合社会的反对力量，或是如官府意在设置舆论工具实施意识形态控制。虽然在中国媒介史上以赚钱为目的的小报一直存在，但也一直受到官府和士人知识分子的双重挤压，为了生存，其自身内容有时也难免流于低俗。只有到了20世纪，都市文化的发展、媒介技术的进步、市民需求的增加等因素才使得媒介的彻底商业化成为可能。近代媒介发展到"五四"前后，更加突出地显现出由长时间量的积累引起的质的飞跃：媒介机构从官方化转向企业化，由政党操控和谋求政治诉求转向商人经营和追求商业利润；媒介从业人员从业余化转向职业化，他们以写作、编辑、翻译等谋求生存和事业发展；媒介产品从官府委派、免费赠阅到作为商品在市场上自由出售。商业环境的孕育和经济利益的刺激，使得

---

① 方汉奇主编：《中国新闻传播史》，中国人民大学出版社2002年版，第163页。

"五四"前后的报纸、刊物在政治化的同时，商业化因素得到了强化，利润收益成为媒介发展的重要推动力。这一趋势在媒介实践上的表现，一是商业性报纸地位的上升，二是休闲娱乐刊物的大量涌现。商业性报纸的典型代表是《申报》，这一到"五四"时期已经历了半个世纪风雨的老牌报纸，面对重要历史关头的世事变幻，始终保有一定的距离，在一些重大敏感的政治事件上往往重报道而轻评论，其评论也宣称是"无党无偏"的"持中"之论，以此降低和规避报纸的政治风险，而将主要精力放在拓展广告业务、增加发行量从而获取最大经济利益上。而这一时期的休闲娱乐文化产品，首推"鸳鸯蝴蝶派"所办的大量刊物，如《小说丛报》、《礼拜六》等。它们大谈风花雪月之事，推崇游戏消闲之趣，依靠文人群体的生产和市民阶层的消费而盛极一时，成为新文化运动和文学革命前夕垄断文坛和文化市场的媒介劲旅。

总而言之，经济因素的推动使得这一时期的媒介呈现多样化趋势，而尚利主义观念的膨胀促使媒介的商品化特征突出成为一个显著的特征，这无疑对日后媒介机构的企业化和媒介市场的成型奠定了基础。

三 教育发展与文化解冻

教育大发展和中西文化的交融冲突，也是"五四"时期媒介所处的一个重要的背景。

在清末的自救性改革中，教育改革是一个重要领域。政府通过废除科举制度、创办新式学堂和鼓励出国留学等措施，试图为衰竭的文化躯体注入一剂强心针。在清末的留学热潮中，邻国日本因为费用相对较少、文化相通处多以及政策的优惠条件而成为很多中国学生的首选，据统计，到1907年留日的中国学生已达到12000余人。[①] 之后，随着日本扩张政策的加剧，加之"庚子赔款"的资助，留日学生有所减少，而留学欧美的学生逐渐增多，形成一种新的文化风气和思想势力。但无论留学综源何在，这些期望"别求新声于异邦"的莘莘学子，很多都在留学期间通过组织社团和创办刊物来传达自己的政治和学术声音。他们

---

① 陈景磬：《中国近代教育史》，人民教育出版社1983年版，第140页。

吸收了东洋或西洋的新鲜空气和新潮思想，对衰腐的封建中国备感失望和不满。这些由政府选派的留学生——尤其是留日学生——恰恰成为日后反抗和推翻政府的重要力量。他们是身负"皈依"与"反叛"这一留学悖论的特殊族群，也是在一个特殊的背景下成功运用媒介的典型。

自 1905 年清政府正式宣布废除科举制度后，开办新式学堂成为一时之风气，接受新式教育也成为追求自由解放的时代青年（包括女性）追求的目标。学堂和学生的数量日增，根据学部的统计，在 1909 年学堂为 52348 所，学生为 1560270 人。① 而公立大学、私立大学、专门技术学校和教会学校等各类大专院校也有很大发展，到 1922 年，全国各类大学已达 37 所。② 新式学堂培养了大批识字明理、乐于接受新鲜事物和新潮思想的"初级知识分子"，留学教育造就了社会革命和革新的精英，而大学里的校长、教授和青年学生更是社会变革的积极推动者。

开放的教育引进了外来文化，形成了文化的交融，也造成了文化的冲突。这种矛盾其实在国门初开之时便隐性存在着。近代以来的中国，自从龚自珍、魏源等开眼看世界以来，西学东渐便成为一条明线一直发展着。从器物、制度到文化，西方文明的传入从未间断并不断深入。到了 19 世纪末 20 世纪初，随着传教势力的影响、西书翻译的增多和留学教育的发展，固守自尊的中国早已打破了传统的文化冰冻。尤其是"五四"时期，西学的传入使得各种社会文化思潮异常活跃，终于促成了一场中西文化的强烈撞击。在文化激烈竞争的局面下，各种"主义"纷纷登场，成就了各种政治文化思潮竞相"贩卖"的热闹场面，而这正是媒介大显身手的时候。教育发展储存的智力因素在各式媒介上活跃开来，代表各自思想意识和现实主张的党派和团体，通过报纸、刊物和书籍宣传传播他们的群体诉求，独立的个体也通过著文立说来完成自我表达，媒介便成为他们的最好舞台。

总而言之，"五四"时期是中国社会文化转型的关键时期。在这一

---

① 《第三次教育统计图表，宣统元年》，［美］费正清编《剑桥中国晚清史》，中国社会科学出版社 1985 年版，第 440 页。

② 《中国主要学院与大学及其分布》，［美］费正清编《剑桥中华民国史》（下卷），中国社会科学出版社 1994 年版，第 428—430 页。

时期，政治对媒介的影响和控制强大，但较之此前的历朝历代，总体上有弱化的趋势，而且因为军阀混战和政权更迭频繁，造成一定的权力空隙，媒介正好趁此"天赐良机"大行发展；在这一时期，媒介的商品化趋势基本定性，娱乐休闲的消费需求凸显，经济因素既保障了媒介机构运行和促进了媒介发展，但同时也在一定程度上制约甚至操控着媒介；在这一时期，教育的发展提高了（部分）国民素质，培养了他们的公民意识，使得他们能以各种身份角色参与媒介活动，同时，文化的开放和多元解放了思想，为各种倾向的媒介生存提供了互利发展、优胜劣汰的良性生态。

第三节 "五四"前后媒介的整体格局

"五四"时期是中国社会经过激烈的政治动荡之后的局势缓冲期，同时也是文化交锋和思想激荡的活跃时期。作为这一时期的主要媒介的纸质印刷媒介，在物质技术条件、思想文化温床和人才智力种子综合因素的作用下，获得了中国媒介史上的第一次真正意义上的自由大发展。对这一时期的媒介格局进行一个整体描述，可以发现其具有以下特点。

一 媒介形式：报纸、期刊和图书

戈公振在《中国报学史》中，用官报独占时期、外报创始时期和民报勃兴时期，十分详细地勾勒出了 20 世纪之前的中国报纸发展的总体轮廓。[①] 清朝以前的报纸，官报一直占据着绝对优势地位；而随着外国传教士的渗透，外报在 19 世纪初开始出现；到了清朝末年，维新派和革命派所办的报纸，成为民报发展壮大的重要力量。由于报刊具有出刊时间快、发行量大等特点，风云变幻的"五四"时期的报刊市场有很大发展。由外商创办的老报《申报》，产权于 1915 年全部划归史量才所有，其后由于业务扩大，又于 1918 年在汉口路新建了五层楼的新馆，同时从美国采购了新式印报机，每小时可印报三万余份。"五四"前后

---

① 戈公振：《中国报学史》，生活·读书·新知三联书店 1955 年版，第 22—177 页。

几年，先后新辟了《星期增刊》、《汽车增刊》、《教育与人生》、《本埠增刊》、《商业新闻》、《教育新闻》等增刊和栏目。1922 年还出版了纪念《申报》发行五十周年的大型画册《最近之五十年》，被英国报人称为中国的《泰晤士报》。① 新办的报纸中，1918 年由原《晨钟报》更名而来的《晨报》在政局动荡中顽强生存近十二年，并于 1921 年开始出版《晨报副镌》，倡导实践新文学。此外还有由邵飘萍于 1918 年创办的《京报》，数次被封又数次复刊，一直到抗战爆发才停刊。《晨报》和《京报》在"五四"时期大胆揭露政府黑幕，热情报道五四运动，加之其发行量大、发行范围广，是这一时期的重要新闻媒介。

值得注意的是，随着文学革命的深入，报纸副刊发展迅猛，出现了《时事新报》的《学灯》、《晨报》的《晨报副镌》、《民国日报》的《觉悟》和《京报》的《京报副刊》四大副刊。这些副刊的编辑和撰稿人大都具有新的知识背景和思想倾向，他们执着地传播着新的思想文化，有的还积极与其他刊物进行论争，大大推动了新文化的深入和新文学的发展。

"五四"以前的期刊，经过了 20 世纪初小说杂志勃兴的第一个高潮，进入到以鸳鸯蝴蝶派消闲娱乐杂志为主的第二个繁荣时期。这一时期，出现了《游戏杂志》、《滑稽杂志》等大量标榜"消闲"、"游戏"、"滑稽"的刊物，同时，"鸳蝴派"创作了大量反映男欢女爱、官场黑幕、社会秘闻以及武侠、侦探、公案、历史等领域的小说，凭借近代印刷出版业的发展，刊行于《民权素》、《礼拜六》、《繁华杂志》、《小说杂志》等相当数量的通俗刊物。五四新文化运动以后，随着文学革命的不断深入，新文学向纵深发展，社团蜂起，期刊林立，二者共同发展。以新文学的两个最大的文学社团为例，文学研究会 1921 年由沈雁冰担任《小说月报》主编，将其变成了文学研究会的机关刊物；创造社 1922 年以后先后创办了《创造》季刊、《创造周报》、《创造月刊》等一系列刊物。这一时期成立的文学社团，都拥有一个或多个自己的刊物，如语丝社之于《雨丝》、莽原社之于《莽原》、浅草社之于《浅草》、沉钟社之于《沉钟》、中国新诗社

---

① 宋军：《申报的兴衰》，上海社会科学院出版社 1996 年版，第 229—230 页。

之于《诗》、未名社之于《未名》、现代评论社之于《现代评论》等。社团通过刊物的文学实践宣传和践行自己的文学文化主张，刊物也凭借社团的群体力量和社团成员的集体运作获得生存发展，从而形成社团与期刊共生共荣的新型文学生态和文化模式。

二　媒介内容：启蒙与革命

有人视五四新文化运动为中国的文艺复兴，固然有一定道理，但这并不能掩盖其作为一场思想文化运动所具有的启蒙色彩。面对民主革命推翻封建政治统治后仍然存在的社会阻碍，一些知识分子开始把关注点转向了思想文化，他们试图通过批判国民性弱点重塑国人的健全人格，通过批判传统文化对人的桎梏以获得人的解放，最终达到以"立人"来"立国"的目的，于是掀起了轰轰烈烈的思想启蒙运动。在以期刊为主的启蒙思想传播媒介中，《新青年》率先扛起了启蒙主义的大旗。1915 年，陈独秀在当时还叫《青年杂志》的小册子上发表《敬告青年》一文来告诫青年："欲脱蒙昧时代，羞为浅化之民……当以科学与人权并重。"并郑重向青年提出了六大希望："自主的而非奴隶的"，"进步的而非保守的"，"进取的而非隐退的"，"世界的而非锁国的"，"实利的而非虚文的"，"科学的而非想象的"。[①] 不久，他又在《本志罪案之答辩书》一文中疾呼："要拥护那德先生，便不得不反对孔教、礼法、贞节、旧伦理、旧政治；要拥护那赛先生便不得不反对那旧艺术、旧宗教；要拥护德先生又要拥护赛先生，便不得不反对国粹和旧文学。"[②] 在《新青年》的影响下，先后出现了《每周评论》(《新青年》的姊妹刊)、《星期评论》、《湘江评论》等时政分析的刊物，《少年中国》、《少年社会》等创造新少年为宗旨的刊物。在文学领域，启蒙主义文学思潮发展迅猛，以各文学社团所办的文学期刊为主要阵地，以《人的文学》、《平民文学》等为理论武器，以易卜生戏剧、问题小说、女性小说和情诗的歌唱为创作实绩，既有现实主义的人生关照，更有浪漫主义的人的释放，充分体现了人道主义和个性主义的启蒙主题。"五四"前后的启蒙主义思潮，在思想、道德、政治和文化领域提

---

① 陈独秀：《敬告青年》，《青年杂志》第一卷第一号。
② 陈独秀：《本志罪案之答辩书》，《新青年》第六卷第一号。

倡民主和科学，崇尚理性的力量和价值，尊重人性和人的自由天性，为中国社会的时代转型提供了必需的土壤。

启蒙主义在"五四"时期自然功不可没，但在五四新文化运动退潮之后，文化立国的长期性无奈让位于社会急需拯救的紧迫性。政治性期刊在 20 年代如雨后春笋，而主张革命成为这一时期媒介传播的另一重要内容。通过报刊媒介宣传的革命的方式，有三民主义革命，有无政府主义革命，而中国共产党所宣传的革命理论，因为找到了马克思主义这一最适合发动无产阶级和资产阶级之间阶级斗争的学说，而且将理论与实践结合，注意最大限度地满足无产阶级的阶级需求，因而取得了社会各阶级尤其是工农阶级的响应和支持。这一时期的革命期刊，自然以宣传马克思主义和无产阶级革命为主。早在中国共产党成立之前的 1920 年，各地的共产主义小组便创办了自己的理论刊物，如上海的《劳动界》、广东的《劳动者》、北京的《劳动音》、山东的《济南劳动》等，这些刊物的宣传活动为建党做好了准备。1921 年中国共产党成立之后，创办了大量报刊进行党的领导和革命宣传，除了 1921 年改组后的《新青年》和《向导》、《前锋》这些党的机关刊物外，还有中国共产党在各地区的组织刊物、中国共产主义青年团的机关刊物、中国劳动组合书记部机关刊物等。① 这些刊物大量刊发翻译和阐述马克思主义的文章，分析中国社会的劳工问题和妇女问题，发动和指导农民运动，成为中国共产党领导的新民主主义革命重要的宣传工具、领导旗帜和斗争武器。

三　自由媒介的出场

梁启超曾说："凡'思'非皆能成'潮'，能成'潮'者，则其'思'必有相当之价值，而有适合于时代之要求者也。"② 激进主义、保守主义和自由主义是"五四"时期的三大社会思潮，它们各自从不同的切入点问诊中国社会病象，并开出了不同的药方。启蒙和革命之外，

---

① 周葱秀、涂明：《中国近现代文化期刊史》，山西教育出版社 1999 年版，第 191—207 页。

② 胡适：《尝试集·自序》，欧阳哲生编《胡适文集》第 9 卷，北京大学出版社 1998 年版，第 81 页。

自由主义思想的传播是这一时期报刊媒介的又一重要内容。"五四"前期,《新青年》的陈独秀和胡适等曾一度成为自由主义思想在中国的传播者,但由于"这个时期的自由主义观念混杂于多种近代西方社会思潮之中,《新青年》同人群体的自由主义倾向主要通过他们的'泛西化'主张得到体现"①,而且由于认识不深、信仰不坚定和时局不稳等原因,最终导致这一阵营的分化:有的人继续坚持自由主义(如胡适),有的转而成为共产主义者(如陈独秀),还有的成了新保守主义者。而1919年,受《新青年》影响所创办的"北京大学集合同好撰集之月刊杂志"《新潮》,其自由主义倾向更加明显。这个新潮社的会刊,在其3年时间内所出版的12期刊物里,不仅大肆批判压制人性的封建人伦,提倡重估社会价值以张扬现代人的个性自由,还花大量篇幅介绍国外科学著述和成果,而且在学术研究上执着实践着胡适与其远师——美国自由主义哲学家杜威的实验主义方法。以至于胡适曾称赞说:"《新潮》杂志,在内容和见解方面,都比他们的先生们办的《新青年》还成熟得多,内容也丰富得多,见解也成熟得多。"② 可惜这个刊物常常不能按期出版,到了1922年3月就终刊了。而在自由主义血统上继之而起且更加突出的,是两个月后创刊的《努力周报》。

由于《新青年》由最初的关注思想文化转而关注政治,并最终转战上海改组成为上海共产主义小组的机关刊物,因而造成了新青年同人群体的分化。以胡适为代表的一部分自由主义知识分子,于1921年组成了一个"联合有相近立场、观点的知识分子,以形成一股批评政治、改善社会的力量"③的小团体——努力会。而要"批评政治",就得有"贩卖"观点的"市场",于是在丁文江等人的鼓动下,发誓"二十年不谈政治"的胡适最终忍不住自己的"言论冲动",两度向警察厅提交了创办报刊的立案申请,1922年5月,《努力周报》终获出版。④ 这一

---

① 董国强:《论1910—1930年代中国自由主义知识分子的发展流变——以〈新青年〉同人群体、"新月派"和"独立评论派"的结构分析为视角》,《民国档案》2003年第2期。

② 傅斯年:《〈新潮〉之回顾与前瞻》,《新潮》1919年第二卷第一期。

③ 丁琴海:《科学巨匠——丁文江》,河北教育出版社2001年版,第191页。

④ 《努力周报》1922年5月7日创刊,1923年10月3日终刊,共出版75期,另出版增刊《读书杂志》18期。

刊物虽然只存在了一年半左右的时间，但它推行实验主义和渐进改良，反对"暴民政治"呼唤"好人政府"，主张实行省自治基础上的联省自治，以建立一个统一的联邦制共和国，掀起了"科学与玄学人生观"的大论战。这些政治论争和文化讨论，进一步扩展了胡适、丁文江等的政治理想、文化观点和学术理路在自由主义圈子及整个思想文化甚至政治领域的影响，初步显示了20世纪20年代刚刚成长起来的中国现代自由主义知识分子的群体聚合趋向，也使得像《努力周报》这样致力于自由主义思想传播和言论实践的报刊作为自由媒介，成为搭建中国自由主义知识分子表达平台和言论阵地的开始。

《努力周报》谢幕之后，《现代评论》又开张了。《现代评论》存在的时期（1924—1928），正值中国社会国内革命战争打响，军阀混战的混乱时期。聚集在《现代评论》周围的"现代评论派"，通过对国家社会时事和公共事务的讨论，对各专业领域的纯粹学术研究，对文学创作、批评的自由主义精神的持守，践行了"精神是独立的，不加附和""态度是研究的，不尚攻讦""言论趋重实际问题，不尚空谈"这三大办刊宣言所确定的宗旨和原则，最终将一个同人刊物扩展为一个"同人及同人的朋友与读者的公共论坛"，① 基本确立了自由主义知识分子理性、包容的群体特点和自由媒介独立、开放的媒介特征。

《现代评论》是以一个"思想的杂志"② 而不是宣传的机关定位的，所以总的来说，它注重的是理性的分析而不是批评的锋芒，其风格略显公允平和。而既承继着这种自由主义精神，却在批判当局时更加激烈，在议论时政和捍卫表达自由时更加积极的，是1928年创刊的《新月》。它的办刊历程和文化实践表明，经过了《新潮》的萌芽，《努力周报》的首次大胆尝试，进入《现代评论》的理性发展和深层储备，现代中国文学、文化史上第一个典型的自由媒介——《新月》月刊，以其特有的方式登上了历史舞台。

---

① 《现代评论》之《本刊启事》，《现代评论》第一卷第一期。
② 《现代评论》第一周年纪念增刊《卷首语》，《现代评论》第二卷。

第二章

《新月》月刊的媒介构成和传播方式

  《新月》月刊作为一种纸质期刊，具有印刷媒介所具有的基本构成要素。其媒介主体总体上为同人群体，以同人写作的主要方式从事媒介活动，大多具有精英姿态和绅士风度，心怀启蒙意识，信仰秩序理性。在媒介体制上，《新月》月刊并没有官方资助，也没有商业资金的注入，而是采用股份合作制，由同人集股作为主要资金来源；在业务体制上则采用集体编辑制度，既保证用稿的独立性，又不乏同人间的相互合作。"一体化"是《新月》月刊的传播方式，包括人事上实行的编辑、出版与发行的一体化，以及内容上实行的书店、月刊与其他刊物的一体化。

第一节 《新月》月刊的媒介主体特点

  就《新月》月刊的媒介主体而言，是由作为最重要的"把关人"的编辑者和作为媒介内容直接创造者的作者共同构成的。总体上以同人刊物存在的《新月》，编者和作者群体有着较大的人员重合度和思想共通性，因而也具有诸多共有的媒介主体特点。

一 同人群体："群"的力量的集合

1. 知识分子结盟：个体到群体的嬗变

中国古代受《论语》"君子群而不党"论调的影响，"朋党"一向被认为是一个带有负面意义的词汇，它容易让人将其与结党营私、钩心斗角等联系起来。加之封建统治者对反抗力量的严防死守和拼命压制，历朝历代对朝上朝下的"结党"行为基本上都是严格禁止的。宋朝欧阳修在《朋党论》中提出"君子"以"同道"为朋（有别于"小人"与"同利"为"伪朋"），并积极肯定了这种"君子之朋"对治理国家的重要意义，从而在一定程度上改变了朝野之人"以朋为贼"的刻板印象。① 宋神宗时产生了新旧两党，使中国古代党派政治明晰化。而在现代中国，政党政治随着资产阶级革命的发展得到了充分发展。1905年成立的中国同盟会，是中国资产阶级的第一个革命政党。1912年该党又在联合统一共和党、国民公党等其他党派的基础上改组为国民党。与此同时，1913年以清末立宪派为主的另一个资产阶级政党——进步党成立，成为与国民党竞争的又一大党。这一时期，党派林立，党内派系复杂，各政治团体都纷纷展现各自的群体力量，成为军政人物在政治领域实现联合的典型代表。

当然，上述所指是与政治有直接关系，或以政治为根本目的的政党。本书着重讨论的是知识分子的群体聚合而不是政治性政党，这种聚合旨在表达群体的艺术、思想、文化等方面的诉求，可能关涉政治，但不以政治为目的，更不与政权产生直接关联。

近代以来，随着西学的传入和媒介的发展，公共讨论、集会、请愿等西方现代政治文化理念和实践逐渐被国人吸取和效仿。伴随这些表达形式而产生的，是以知识分子为主的表达者在这种聚合功能的作用下从个体到群体的转变。1895年的"公车上书"就是近代知识分子用联合的方式表达群体诉求的首次尝试。"公车上书"虽然失败了，但执着的维新志士从中看到了知识分子群体联合的威力。其领导人康有为明确宣称："夫挽事变在人才，成人才在学术，讲学术在合群，累合什佰之群，不如累合千万之群，其成效尤速，转移尤巨也。"② 梁启超也说："今欲振中国，在广人才，欲广人才，在兴学会。"③ 由此可见，康、梁已经

---

① 欧阳修：《欧阳修散文全集（上）》，今日中国出版社1996年版，第40—41页。

② 张之洞（由康有为代作）：《上海强学会序》，中国史学会编《戊戌变法》（四），上海人民出版社1957年版，第331页。

③ 梁启超：《论学会》，《饮冰室合集》文集之一，中华书局1989年版。

非常明确地意识到了"合群"的重要性，而"合群"的首要途径便是兴办"学会"。因而在 1897 年康、梁开展维新变法运动时，先后创办了粤学会、保国会、关学会等各种学会近十个。而在 1895—1898 年的三年中，共有 76 个学会成立。① 这些学会既译介西书开启民智，又热衷政治唤醒民众，在学术与政治的双重角色下展示了作为"群体"存在的知识分子的非凡力量。

在文学领域主要表现为社团的成立。"五四"时期，随着新文化运动的不断深入，各种文学社团纷纷成立。继 1921 年文学研究会成立之后，出现了一个文学社团蜂起的高潮，先后在北京、上海、天津、南京、武汉等地成立了众多综合性文学团体和诗歌、戏剧等专门性文学社团。据统计，"从民国十一年（一九二二）到十四年（一九二五），先后成立的文学团体及刊物，不下一百余"②。1925 年之后，直至整个中国现代文学史，社团的成立和与之相应的刊物的创办都是一个十分重要的现象。这些社团与其创办的刊物一起，通过社团活动和刊物提供的发表阵地，吸纳那些与社团章程或办刊宗旨"臭味相投"的社员和读者，以实现同人群体或社团整体的文学主张和文化诉求。文学研究会、创造社、语丝社、现代评论社等，每一个社团的成立都是一个群体的集合；《新青年》、《努力周报》、《现代评论》、《新月》、《独立评论》等，每一个刊物的创办，都是一种观念意识的集体表达。正是借助社团和刊物的联合，"五四"以后出现的现代知识分子，通过组织团体和运用媒介以及二者的联合，在自己的职业岗位和文化本位上做出了有别于党派政治的文化选择。

综合一下这些知识分子从个体结合为群体的特点，可以发现他们"成群结队"的机缘已经不再是靠亲情维持的血缘关系，而是主要依靠以下几种方式：

一是地缘关系。即同是从一个地方而来，可以以"老乡"泛称者。这种关系往往因为拥有对故乡的共同体认而具有一定的亲切感和归宿

① 费正清编：《剑桥中国晚清史》（下卷），中国社会科学出版社 1985 年版。
② 茅盾：《中国新文学大系·小说一集导言》，转引自刘运峰编《中国新文学大系·导言集》，天津人民出版社 2009 年版，第 55 页。

感。民国初期至 20 年代，由于名流可以推荐他人担任大学教职，刊物的人事运作和稿件刊发也多属内部"私事"，因而在大学教员和刊物编辑、作者群体中的地缘关系较为常见。鲁迅就曾被陈西滢称为"北京教育界占最大势力的某籍某系的人"①，对此，鲁迅则抛出杂文《我的"籍"和"系"》来回应。这虽是就"女师大风潮"事件展开的交锋，却从侧面证明了大学校园里地缘关系的存在。在刊物等媒介领域，地缘关系所起的作用更加明显。比如，"《甲寅杂志》的编辑人和撰稿人大部分是湖南人和安徽人"②，而"《青年杂志》的初办是以陈独秀为首的皖南籍知识分子为主的同仁杂志"③，"几乎是安徽人的地方刊物"④。地缘关系体现的是一种朴素的"乡情"，尤其在客居者众多的情况下更容易出现。它是产生群体聚合可能性的"初级"条件，对群体总体风格的形成和地域文化的凸显有较大影响。

二是学缘关系。即在学习经历或学术渊源上有紧密联系者。这种关系在文化人中以多样形式存在。最直接的，由于老师和学生之间生活上相互了解，学问上也有一定的师徒传承联系，有的还成为忘年之交和人生挚友，因而师生关系成为群体联结的重要纽带。康有为和他的得意门生梁启超、谭嗣同等组成的维新变法团体就是典型的例子。胡适与傅斯年的自由主义思想的关联、与顾颉刚的治学方法的渊源关系，也都是师生关系这一类型的突出表现。此外，同在一所学校学习，共同的生活环境、学术营养和教育经历又使得校友关系成为一种群体结合的黏合剂。这不仅体现在校内学生社团的成立和学生刊物的创办以及它们的共同旨趣上，在校园之外和学生时代之后，因为校友关系而聚合成群的例子也不少。1925 年闻一多回国后，"时相过从的朋友以'四子'为最密"⑤。他们"每天论诗、作诗、写文章"⑥，把闻一多的家变成了"一群新诗

① 《现代评论》第一卷第二十五期《闲话》，1925 年 5 月 30 日。
② 张耀杰：《〈新青年〉同人的经济账》，《社会科学论坛》2006 年第 5 期。
③ 陈万雄：《五四新文化的源流》，三联书店 1997 年版，第 6 页。
④ 张耀杰：《〈新青年〉同人的经济账》，《社会科学论坛》2006 年第 5 期。
⑤ 闻一多：《闻一多全集》第 3 册，三联书店 1982 年版，第 633 页。
⑥ 王锦厚、陈丽莉编：《饶孟侃诗文集》，四川大学出版社 1997 年版，第 417 页。

人的乐窝"①, 由此形成"新月""派中之派"的"闻一多及'四子'一群"②。此"清华四子"加上闻一多, 都是清华文学社成员, 又同是清华园校友, 还对诗歌情有独钟, 自成一派实属自然。"五四"前后至20年代, 最重要的一种学缘关系便是相同或相似留学背景影响下的留学生团体和留学族群。由于各国文化源头的差异和主流价值观、意识形态的不同, 身处不同国家和文化圈的留学生所处的文化环境各不相同, 自然造成他们日后的艺术趣味、思想观念、治学方法和行为方式的差异; 而具有相同留学渊源和国外文化背景的留学者自然更容易走到一起。这些留欧、留美、留日、留苏的学生学成归国后, 从不同的文化发源地带回了"多源"的文化资源, 不同源头的文化精神的守持又形成了"多元"的文化生态。③ 以留日归国学生为主体成立的创造社和以具有留学欧美的经历为主体形成的新月社及新月派群体, 是通过留学的学缘关系聚集而成的知识分子群体的典型代表。

三是文缘关系。即有着相同或相通的文学艺术趣味或思想文化观念者。这是地缘关系和学缘关系在专业方面的进一步深化, 也是促进社团成立和流派形成的关键因素。"五四"前后的文学、文化群体, 是在西学涌入、传统文化分崩离析的背景下, 新旧知识分子通过各自的自我选择之后, 重新分化组合形成的多元文化板块。主张"为人生"的文学研究会, 坚持"为艺术"的早期创造社, 歌唱浪漫主义的湖畔诗社, 宣扬革命文学的太阳社, 传播自由主义文化的新月社……具备地缘或学缘关系的知识分子, 最终借助文缘关系完成群体聚合, 通过一定的组织形式和传播媒介, 实现群体整体及个人在文学、政治、文化等方面的诉求和宗旨。

与这三种关系有联系而又不同, 20世纪20年代盛行于北京上流社会的交际聚会为知识分子的交流提供了一种新的形式。新月同人的首度聚合便是在这种背景下开始的。

新月社的形成, 是由徐志摩、胡适等于1923年发起的, "最初

---

① 徐志摩:《诗刊弁言》,《晨报副刊·诗镌》第1号, 1926年4月1日。
② 尹在勤:《新月派评说》, 陕西人民出版社1985年版, 第64页。
③ 周晓明:《多源与多元: 从中国留学族到新月派》, 华中师范大学出版社2001年版。

是……定期聚餐的一种集会""几乎是轮流着到各人家里聚会谈天"①。社交的同时当然也讨论问题、交流思想。1924 年夏，徐志摩的父亲徐申如和黄子美出资在松树胡同七号买下了一处房产，正式挂出了新月社的牌子，并请了厨师，成立了"一个要得的俱乐部，有舒服的沙发躺，有可口的饭菜吃，有相当的书报看"，而且"新年有年会，元宵有灯会，还有什么古琴会、书画会、读书会"。② 因而吸引了各色社会名流，其中有大学教授、银行家、作家、政客等。但也正是这种沙龙性质导致的人员的复杂性和目标的淡化，致使徐志摩"集合几个人的力量，自编自演""想做戏"的"想望"③ 几乎化为泡影，发出"从新月社产生'7 号'的俱乐部，结果大约是'俱不乐部！'"④ 的惋叹。由于失去了对聚合时追求的初衷的坚持，加之随着政治时局的骤变，新月社的主要骨干纷纷南下，"在 1926 年 7—10 月，即 1926 年秋天"，活动了三年多的新月社"逐渐自行解散"。⑤

新月社"最初是'聚餐会'，从聚餐会产生新月社，又从新月社产生'7 号'的俱乐部"⑥。这个社团是新月知识分子在现代中国文学文化史上的第一次群体亮相。一些新月社成员通过前述的学缘和文缘（地缘因素表现较弱）关系的交叉作用相对较为松散地聚合在一起，开展排演戏剧、接待泰戈尔访华等活动。此后，通过人员的新陈代谢继续着新月知识分子的群体活动：创办《诗镌》、《剧刊》、《新月》、《诗刊》以及新月书店等。新月知识分子在这些群体活动的纽带下有选择性地走到了一起，实现了从个体到群体的嬗变。

由此可见，20 世纪以来，随着政治控制的逐步削弱、文化规训的不断失效、西学价值观念的冲击、科举制度的终结、大学教育的启蒙和留学运动的发展，传统读书人逐渐向现代知识分子转变，其在行为方

---

① 叶公超：《关于新月》，台湾《联合报》1980 年 8 月 6 日，载程新编《港台·国外谈中国现代文学作家》，四川文艺出版社 1986 年版，第 161 页。

② 徐志摩：《致新月》，《晨报副刊》1926 年 6 月 12 日。

③ 徐志摩：《欧游漫录·给新月》，《晨报副刊》1925 年 4 月 2 日。

④ 徐志摩：《剧刊始业》，《晨报·剧刊》第 1 号，1926 年 6 月 17 日。

⑤ 付祥喜：《新月社若干史实考辨》，《中国现代文学研究丛刊》2007 年第 6 期。

⑥ 徐志摩：《剧刊始业》，《晨报·剧刊》第 1 号，1926 年 6 月 17 日。

式、精神气质、信仰与价值追求等方面都产生了新变。不仅"个体"的自由独立与"人"的现代性品格得以彰显，而且作为个体集合的"群"的现代聚合形式也得以产生并有较大的发展。新月知识分子的群体聚合便是典型代表。

2. 同人：共性与个性的结合

毫无疑问，同人是一个群体意义上的指称，但并不是所有群体都是同人。同人讲究的是"志同道合"。同人间自发或自然黏合在一起，不具有社团组织章程严格的事先约定性。它不再是血缘、地缘关系的简单结合，也不是拥有严密组织的帮会、政党、社会团体，更不是公司、企业等基于商业因素的经济利益共同体，甚至不同于"五四"时期风起林立的一般社团，而是有相同或相近的价值观念或艺术追求的现代文人知识分子为了彼此认同的共同目标的实现和价值观的捍卫而形成的较为松散的自由结合体。同人们以言论、文化来影响社会，以文学来建设文化，他们通过聚餐、沙龙和同人书信等形式来联系感情、讨论问题，通过创办非官方的同人刊物开拓媒介阵地，通过写作活动进行文学理论提倡、创作实践尝试和观点的发言发声，从而实现同人的社会参与、专业责任和自我价值。

20世纪20年代最初的几年，随着文学社团遍地开花，各个社、会的"机关"刊物纷纷亮相。综合考察一下这些刊物可以发现，有很多都是沿着《新青年》同人结集的路子在谋求发展，如《新潮》、《创造》等刊物，其同人性质便十分明显。此外，"五四"建社创刊的高潮过后，《努力》、《学衡》、《语丝》、《现代评论》等同人刊物先后创刊并一度呈现繁荣之势，成为一种重要的期刊形式和文化现象。30年代同人性刊物《现代》的主编施蛰存在《〈现代〉回忆》一文中说："'五四'以后，所有的新文化阵营刊物，差不多都是同人刊物，一个人为中心，号召一些志同道合的合作者，组织一个学会，或社，办一个杂志。每一个杂志所表现的政治倾向，文艺观点，大概都是一致的。"[1] 这一说法较为确切地描述了同人刊物作为一种特殊媒介形式的形成轨迹和总

---

[1] 施蛰存：《〈现代〉回忆》，陈子善编《施蛰存七十年文选》，上海文艺出版社1996年版。

体特征。1928 年创刊的《新月》月刊，正是在一群"志同道合"的新月知识分子的"合作"下，作为 20 世纪 20 年代最后一个同人刊物大张旗鼓地登上了历史舞台。

在开始正式的论述之前，让我们通过几个表格了解一下《新月》月刊的基本情况。

表一　　　　　　《新月》月刊起止卷期及编辑者情况一览

起止时间	卷期号	编辑者	主编者	备注
1928 年 3 月至 1929 年 3 月	创刊号至第二卷第一期	徐志摩 闻一多 饶孟侃	徐志摩	原定社长胡适、主编徐志摩，后改为集体编辑胡适不列名
1929 年 4 月至 1929 年 7 月	第二卷第二期至第二卷第五期	梁实秋 潘光旦 叶公超 饶孟侃 徐志摩	梁实秋	
1929 年 9 月至 1930 年 3 月	第二卷第六、七期至第三卷第一期	梁实秋	梁实秋	第二卷第六、七期为合刊
1930 年 4 月至 1932 年 8 月	第三卷第二期至第四卷第一期	罗隆基	罗隆基	第三卷第四期起不印出版日期
1932 年 9 月至 10 月	第四卷第二期至第三期	叶公超	叶公超	
1932 年 11 月至 1933 年 6 月	第四卷第四期至第四卷第七期	叶公超 胡适 梁实秋 余上沅 潘光旦 罗隆基 邵洵美	叶公超	出至第四卷第七期终刊

表二　　　　　《新月》月刊主编者（主要编辑者）情况一览

主编者	身份职位（1928—1933）	教育背景	主体思想	备注
徐志摩 1896—1931	在光华大学及中央大学英文系任教、中华书局编辑、中英文化基金会委员、北大英文系教授、北京女子大学教授；诗人、作家	家塾；新式学校；留学美国、英国，修历史、经济、文学	浪漫主义自由主义	《新月》月刊自始至终的文学坚守者
梁实秋 1903—1987	青岛大学外文系主任兼图书馆馆长、《益世报》副刊编辑；批评家	自幼受古典文学熏陶；新式学校；留学美国	古典主义新人文主义自由主义	最初崇尚浪漫主义，后转向理性与古典
罗隆基 1896—1965	上海光华大学任教	新式教育；留学美国、英国，修政治	拉斯基的信徒	主编《新月》12 期；至今未获正式平反的六名"右派"之一

续表

主编者	身份职位（1928—1933）	教育背景	主体思想	备注
叶公超 1904—1981	暨南大学外国文学系主任、图书馆馆长，吴淞中国公学英国文学教授，清华大学外国文学系教授	主要受新式教育；留学美国、英国、法国	"新批评"批评家	停刊前最后几期在编辑和写稿上独当一面
胡适 1891—1962	中国公学校长兼文理学院院长、中华教育文化基金会董事、北京大学文学院院长兼中文系主任	九年家塾；新式学校；留学美国，修哲学、经济、文学	实用主义改良主义自由主义	最后四期列名；对《新月》的影响力很大且自始至终

表三   **《新月》月刊主要作者情况一览**

作者	篇数	重要文章	备注
梁实秋	50	《文学的纪律》、《文人有行》、《文学与革命》、《翻译》、《罗素论思想自由》、《论思想统一》、《论批评的态度》、《文学是有阶级性的吗?》、《论鲁迅先生的硬译》、《答鲁迅先生》、《文学与道德》、《"资本家的走狗"》、《无产阶级文学》、《鲁迅与牛》、《思想自由》、《文学与大众》、《所谓"文艺政策"者》、《文学的严重性》、《论翻译的一封信》	主要编辑者；主要作者；未加入新月社
徐志摩	49	《汤麦士哈代》、《"我不知道风是在那一个方向吹"》、《秋虫》、《白朗宁夫人的情诗》、《卞昆冈》、《浓得化不开》、《再别康桥》、《说"曲译"》、《一个行乞的诗人》、《西窗》、《"他眼里有你"》、《拜献》、《我等候你》、《活该》、《春的投生》、《黄鹂》、《鲤跳》、《珰女士》	笔名摩、志摩、仙鹤等；主要编辑者；主要作者；新月社创始人
罗隆基	35	《专家政治》、《论人权》、《告压迫言论自由者》、《我对党务的"尽情批评"》、《我们要什么样的政治制度》、《汪精卫论思想统一》、《我们要财政管理权》、《我的被捕的经过与反感》、《对训政时期约法的批评》、《什么是法治》、《告日本国民和中国的当局》、《人权不能留在约法里?》、《我们不主张天赋人权》、《约法与宪法》	笔名努生、鲁参、卤等；主要编辑者；主要作者；未加入新月社
胡适	31	《考证红楼梦的新材料》、《名教》、《治学的方法与材料》、《人权与约法》、《我们什么时候才可有宪法?》、《知难，行亦不易》、《新文化运动与国民党》、《我们走那条路》、《四十自述》、《关于〈我们走那条路〉一文的讨论》、《介绍我自己的思想》	编辑者；主要作者；新月社创始人
叶公超	28	《写实小说的命运》、《牛津字典的贡献》、《小言两段》、《论翻译与文字的改造》、《墙上一点痕迹》	笔名公超、超、棠臣、白宁等；主要编辑者；主要作者
饶孟侃	17	《有一只老马》、《自招》、《犯人》、《追寻快乐》、《呼唤》、《长途》、《今昔》、《爱》、《山花》、《梧桐雨》	编辑者；诗歌主要作者；清华四子唯一新月社

续表

作者	篇数	重要文章	备注
潘光旦	13	《德日民族性相肖说》、《自然淘汰与中华民族性》、《优生学与婚姻》、《说"才丁两旺"》、《姓，婚姻，家庭的存废问题》、《人文选择与中华民族》、《优生婚姻与法律》、《优生的出路》	编辑者；提倡优生学
闻一多	12	《白朗宁夫人的情诗》、《答辩》、《论"悔与回"》、《谈商籁体》、《先拉飞主义》、《情愿》、《"从十二方的风穴里"》、《回来》、《杜甫》、《庄子》、《幽舍的麋鹿》	编辑者；主要贡献在培养新人
余上沅	6	《最年青的戏剧》、《伊卜生的艺术》、《塑像》、《翻译莎士比亚》、《奥尼尔的三部曲》、《纪念亚辟亚专号》	编辑者；戏剧主要作者
邵洵美	4	《谈自传》、《小说与故事》、《孔雀东南飞及其他》	编辑者；浩文
沈从文	19	《阿丽斯中国游记》、《牛》、《灯》、《绅士的太太》、《阿金》、《旅店》、《结婚以前》（阿黑小史之七）、《中年》、《若墨医生》、《医生》、《颂》、《论闻一多的死水》、《郁达夫张资平及其影响》	小说主要作者
陈西滢	13	《一个懂得女子心理的人》、《成功》、《由寒假说到三学期制》、《论翻译》、"西京通信"系列（共4篇）、《曼殊斐儿》、《娃娃屋》、《一个没有性气的人》、《贴身女仆》、《削发》	新月社创始人
凌叔华	8	《疯了的诗人》、《小刘》、《小蛤蟆》、《小哥儿俩》、《送车》、《杨妈》、《搬家》、《凤凰》	小说主要作者
陈梦家	25	《那一晚》、《露水的早晨》、《再看见你》、《我望着你来》、《焦山晚眺》、《鸡鸣寺的野路》、《一朵野花》、《五月》、《寄万里洞的亲人》、《歌九首》、《都市的颂歌》、《只是轻烟》、《西山》、《你尽管》	笔名陈漫哉；诗歌主要作者
方玮德	13	《海上的声音》、《"世界，我要撑一张冷脸做人"》、《一只燕子》、《一只野歌》、《秋夜荡歌》、《关于"诗人歌德的死"》	诗歌主要作者
曹葆华	7	《告诉你》、《有一语》、《死诀》、《爱》、《觉悟》、《祈求》、《狱中》	诗歌重要作者
费鉴照	7	《现代诗人》（一）（二）（三）（四）、《现代英国桂冠诗人——自理基士》、《新任桂冠诗人——梅士斐尔特》、《纪念司高脱》	集为《现代英国诗人》
刘宇	6	《械斗》、《一个信条》、《这主张总得由我》、《要是我的心将永远的像死水》、《假如我要来》、《想到》	
李惟建	6	《爱的秘密》、《宇宙的回音》、《牧童的经历》、《问》、《云雀曲》、《夜莺歌》	诗歌重要作者
卞之琳	6	《酸梅汤》、《小别》、《工作底笑》、《三天》、《魏尔伦与象征主义》、《恶之花零拾》	诗作4首，翻译2篇
胡不归	5	《不要害怕》、《重奏》、《礼品》、《不知一阵什么风》	

续表

作者	篇数	重要文章	备注
臧克家	3	《象粒砂》、《失眠》、《难民》	
顾仲彝	12	《今后的历史剧》、《中国新剧运动的命运》、《同胞姊妹》、《评三出创作的剧本》、《评四本长篇小说》、《理想中的佳人》、《天边外》	戏剧主要作者
陈楚淮	6	《金丝龙》、《药》、《韦菲君》、《桐子落》、《浦口之悲剧》、《骷髅的迷恋者》	戏剧主要作者
何家槐	8	《桂花盛开的那个晚上》、《"使你也是女人——"》、《梦醒的时候》、《湖上》、《白莲藕粉》、《牙痛》、《怀志摩先生》、《白舅舅》	散文主要作者
储安平	6	《墙》、《自语》、《一条河流般的忧郁》、《一段军行散记》、《悼志摩先生》、《豁蒙楼暮色》	散文主要作者
徐转蓬	4	《女店主》、《打酒》、《守望者》、《磨坊》	
王造时	8	《中国问题的物质背景》、《中国社会原来如此》、《中国的传统思想》、《昨日中国的政治》、《三千年来一大变局》、《由"真命天子"到"流氓皇帝"》、《政党的分析》、《介绍关于东北问题的好书》	政论文章重要作者
梁遇春	21	《又是一年春草绿》、《春雨》、《梦里的小孩》（翻译）、《Giles Lytton Straehey（1880—1932）》	笔名春、秋心、驭聪；书评主要作者
刘英士	12	《关于中国人口问题的一篇外论》、《离婚是一种必要之事》、《帝国主义与文化》等10篇	书评主要作者
彭基相	9	《法国十八世纪的哲学》、《法国十八世纪的道德观念》、《研究社学的态度》、《哲学的真价》、《欧洲近代哲学概观》、《真与假》、《哲学与"不知"》、《文化精神》	哲学论文主要作者
余楠秋	5	《罗伯斯庇尔》、《丹塘》、《实验演说学纲要》、《马拉》、《大学精神》	历史论文主要作者
全增嘏	4	《宗教与革命》、《道德哲学》、《中国哲学史》、《八大派人生哲学》	哲学论文主要作者
钱锺书	5	《一种哲学的纲要》、《评周作人的〈中国新文学的源流〉》、《美的生理学》、《评曹（葆华）著〈落日颂〉》、《近代散文钞》	
吴世昌	4	《辛弃疾》、《苏东坡集选评》、《自咒》、《评郑（振铎）著〈中国文学史〉》	

　　通过表格可以看出《新月》月刊作为一个同人刊物所具有的媒介特点。就媒介主体的来源而言，《新月》月刊的编者与作者的人员构成在很大程度上是重合的。按照版权页上所印的编辑者名单，《新月》月刊的"编辑者"一共有 10 人，即徐志摩、梁实秋、罗隆基、胡适、叶公

超、饶梦侃、潘光旦、闻一多、余上沅和邵洵美。他们既是刊物的编辑者，同时又是刊物的作者。这10人在总共4卷43期的《新月》上发表文章共计达245篇；除了邵洵美和余上沅，其他编辑的发文篇数都在10篇以上；刊物的核心成员徐志摩、梁实秋、罗隆基、胡适4人所发文章就多达165篇。编者与作者的同一性使得《新月》月刊的媒介主体构成了一个特有的"圈子"，在这一大的"圈子"里，又包含着许多小的群体：如徐志摩、胡适、叶公超、饶梦侃、闻一多、余上沅、陈西滢、凌叔华等都是原来新月社的成员；《新月》的诗歌作者中，徐志摩、闻一多、饶孟侃、孙大雨等人都是从《诗镌》走出来的；在《新月》的编者中，余上沅、梁实秋、潘光旦、闻一多、饶孟侃等既是清华校友又是留美同学；作者群中的方重、全增暇、吴景超、谢文炳、顾一樵等还曾是同级的清华留美学生；还有南京中央大学的陈楚淮、费鉴照、陈梦家、方玮德、孙询侯、沈祖牟、梁镇、俞大纲等；光华大学的徐转蓬、邢鹏举、储安平、李祁、赵家璧等。这些小的群体建立在前述的学缘和文缘基础之上，或者在某一位老师（同时是编辑）的推荐之下登上文坛，在刊物大的同人精神的吸引下，为实现小的群体目标而不懈追求着。

同人合作的基础不是物质利益，而是彼此的"志同道合"，因而同人之间是一种特殊的盟友关系。《新月》作为一个同人期刊，由于促使其成员聚合的主体价值观念是以个体本位为主的自由主义思想，这就决定了其不同于其他同人刊物的独特之处。《新月》的几个关键人物中，徐志摩是一个"不可教训的个人主义者"①，胡适之先生曾不止一次地说："狮子老虎永远是独来独往的，只有狐狸和狗才成群结队！"② 梁实秋也曾明确表示："《新月》一批人都是坚强的个人主义者，谁也不愿追随在别人之后。"③ 这种个性的差异造成的同人之间的缝隙在新月知识分子群体中一直存在。早在杂志创刊时，同人们对于《新月》封面的设计风格就有不同的看法，"志摩、一多都很喜欢它"，梁实秋却认

---

① 徐志摩：《列宁忌日——谈革命》，《晨报副刊》1926年1月21日。
② 梁实秋：《忆新月》，《梁实秋文学回忆录》，岳麓书社1989年版，第105页。
③ 梁实秋：《新月前后》，《梁实秋文学回忆录》，岳麓书社1989年版，第125页。

为这一类似于 Yellow Book 的设计有浓厚的堕落色彩，同是新月社成员，同是《新月》月刊编辑，闻一多这个"富于'拉丁区'趣味的文人"和"正统"的资产阶级文化熏陶出来的富有"绅士趣味"的徐志摩等人有很大差异，① 并由此导致二人"私下"的"互相不服气"，而对于新月派另一位重要人物梁实秋的"好议论"，闻一多早年也曾说"实秋讲话太多锋芒"②，有失批评的"平和"态度，也有失"身份"。由此可见，闻一多与整个新月派的精神内质是相疏离的。无独有偶，一贯与新月社、现代评论派关系不错的沈从文，也是《新月》小说创作的一面旗手，但这个"乡下人"似乎与新月派主将们的生活艺术趣味也有不小的差别："虽然青年沈从文曾在《新月》发表文学作品，在新月书店出过好几本小说，受徐志摩等赏识却不是'新月社'成员，始终是个文学'单干户'。"③ 沈从文的《绅士的太太》、《阿丽斯中国游记》等也较为明显地表现出了对"绅士趣味"的讽刺甚至厌恶。

编辑是刊物稿件的"把关人"，他通过对稿件的邀约、取舍、修改和是否刊发来实现某种思想、观点和艺术的表达，通过刊发时的时间安排、栏目编排、版面位置等手段来体现这种表达的被重视程度。而作者则是意见的最初贡献者，是观点产生的源头。这两种角色的合二为一无疑使得意见生产的创造力得到最大限度的激发，意见表达则受到最低程度的修改和源头控制，这对实现同人媒介的群体诉求是一个天然的优势。然而同人媒介不可能只是同人们"自娱自乐"的精神奢侈品，要让媒介负载的意见观点产生影响，就要使其传播效果尽可能达到最大化，因而，吸纳一些"准同人"甚至"非同人"的作者，吸引最广泛的读者，自然成为同人媒介不得不采取的传播策略。《新月》月刊的编辑和作者构成也是如此。这一状况直接决定了《新月》在媒介内容方面"专而博"的原则和特征。由于用稿量大，更主要的是由于同人刊物必须具备的包容度，使得《新月》内容相对驳杂而成了一个综合性的文化期刊；当同人们集体发言时，可以在各抒己见的前提下形成基本

① 梁实秋：《忆新月》，《梁实秋文学回忆录》，岳麓书社 1989 年版，第 107 页。
② 闻一多：《闻一多书信选集》，人民文学出版社 1986 年版，第 66 页。
③ 傅国涌：《沈从文与胡适》，《外滩画报》2005 年 2 月 1 日。

一致的"大方向"，并在此基础上产生相对集中的领域和议题。正因为如此，我们才可以看到《新月》媒介主体中共性与个性并存的局面：在编者、作者中，有的是曾经的新月社成员，更多的人并未加入这一社团；有的属于新月派，有的则并不认同这一"派"的思想意识形态；有的是撰文勤勉的支柱作者，有的则只是一两次的"客串"；有人信奉浪漫主义，有人信奉古典主义，有人信奉改良主义；有的在相同领域的同人共同努力下，形成了诗歌群体、小说群体、散文群体、剧作群体、翻译群体、批评群体、书评群体、学术研究群体等，而有很多则是孤星独悬，自生自灭。

总体而言，《新月》月刊作为同人刊物，其共性是大于个性的。这就造成了它的编者群体和作者群体的相对封闭性。这种封闭性就其积极方面而言，有利于表达群体力量，是《新月》月刊产生媒介影响的重要条件和根本保证。

3. 同人写作：一种特殊的写作方式

正是在同人聚合成为一种新的"合群"形式，同人刊物成为同人群体诉求表达的载体与平台这一背景下，才出现了同人写作这一特殊的写作现象和方式。总的来说，同人写作是同人之间就某一观念、议题或认同的目标进行各自表达，借助同人刊物集中发表的一种非集体的群体聚合的写作方式。具体可以从以下几个方面来理解。

首先，同人写作是介于个人创作与集体写作之间的一种合作写作的方式。应该说，写作活动尤其是文学创作，本质上是一种个体化的、精神性的创造性劳动，因而先天地具有个体特殊性和不可复制性，也就自然是个体的。但由于其社会功用和集合功能较之审美功能更被人重视，发展过程中便衍生出与个人创作不同的生产方式和写作模式。在中国现当代文学史上，集体写作是伴随着革命文学的兴起从苏联引进的一种写作方法和文学生产方式，经过抗战救亡的特殊需要和解放区的规范、培养逐渐形成模式，在新政权建立之后的"十七年文学"和"文革文学"书写中达到顶峰。集体写作的发展与成熟自有其独特的功效，但对个人创作的独立与创造造成冲击和掩盖的负面影响是显而易见的。其实，在个人创作与集体写作之间，还有另一种写作方式——同人写作。同人写作不同于集体写作：同人写作是由同人参与的群体化写作方式，它没有集体写作那么统一的创作主旨，不是集体署名，也不是各人写作然后集体统稿修改，相反，参与写作的个体同人自身有较强的独立性，体现出接近于个人创作的个体特殊性；集体写作将意识形态性尤其是政治意识形态放在首位，强调集体写、写集体，注重表达集体意识、集体精神与集体形象，同人写作则是"五四"启蒙精神的延续和深化，在文学上多为对文学革命的反思与重建；集体写作看重群众基础和大众化效果，同人写作是知识分子的精英化书写和文学实验。同人写作也不同于完全独立的个人创作：个人创作是完全独立和自由的，个体风格明显，而同人写作势必会受到同人共同思想、约定的写作主旨甚至同人刊物等媒介因素的制约和影响，因而在具有一定独立性的同时，总体上表现出较强的群体特征和同人色彩。

其次，同人写作是同人们为同人刊物进行的有明确目的和清晰目标的写作。同人写作以同人刊物为中心，同人刊物是其表达平台，一旦这个平台失去了，同人写作也就失去了聚集能量的磁石。同人写作是伴随着同人期刊的兴起而逐渐形成的，在《新月》月刊所处的 20 世纪二三十年代，彰显个人主义的五四文化精神，与之相适应的个人创作方式不再一潮涌动，朝着集体写作方向发展的革命文学转向与左翼文学思潮尚未固化，客观上为同人期刊的繁荣和同人写作的勃兴提供了机会。同人刊物由同人合伙创办和经营，编者群和作者群高度一体化，用稿封闭，较少采用外稿，稿件多为同人撰写，而且没有稿酬，编辑也多是义务劳动。这一时期，同人刊物一度呈现繁荣之势，同人写作也成为一种显在的生产方式。直到 40 年代，仍有《希望》等将自身"不合时宜"地定位为同人刊物。新中国成立之后，同人刊物的创办增加了更多的政治和政策风险，同人写作也随着同人刊物的日益衰落逐渐淡出了历史舞台。

同人写作不仅以同人刊物为表达平台，还有明确的写作目的和清晰的写作目标。《新青年》同人的启蒙主义思潮和文学革命运动两大主题的倡导，新月同人对新格律诗的提倡、对自由主义思想文化的输入与移植，《语丝》同人的社会批评与文明批评的坚持，都有明确的写作目的和清晰的目标，而且会团结同人群体为实现目标而努力，这是自由随意的个体创作所无法企及的。

再次，同人写作以同人之间共同的"志"与"道"的存在为基础，以同人群体的存在为前提。一旦这种共同的精神基础和组织前提发生了变化，同人写作也就不复存在了。新月派同人群体的骨干成员聚合的主体价值观念是以个体本位为主的自由主义思想，这一群体的几个关键人物徐志摩、胡适、梁实秋等都是极具个性而又关注公共利益的人文知识分子。以新格律诗创作为主的文学写作者和以争自由、争法治、讲人权为主的政论文写作者，是新月同人中的两个次同人群体。从《诗镌》、《剧刊》到《新月》月刊在第二卷第二期对编辑者做出调整，新月同人写作基本以文学为主；从梁实秋执掌《新月》开始"谈政治"，胡适引领"人权大战"，新月同人写作转向政论文为主；《新月》后期显示出对文学的回归，1931年创办的《诗刊》则是新月同人中的文学写作者在《新月》之外回归文学的努力。"热衷文学"与"转向政论"的不同侧重是这两次不同人群体的分歧，各自的妥协和总体的认同则是同人群体尚能存在的底线。一直到《新月》终刊，同人解散，同人写作也便随之停歇。因而可以说，同人写作是一种在同人精神与价值的感召和坚守之下从事的阶段性的写作活动，具有历史性。

最后，同人写作是一种超越文学的文化写作，或者叫作大文学写作。无疑，文学写作是同人写作的重要内容和核心领域，但不能完全涵盖同人写作。因为文学的非功利审美特点和对人产生影响的长期性，使得同人文学写作有时并不能满足同人们表达观点、改良思想文化的直接性和迫切性需求。在新青年同人的文学革命中，陈独秀、胡适、钱玄同、刘半农四大"台柱"都不是作家，他们写作的成品不是审美的文学作品（当然不排除其文章的文学性成就），而是表达思想见解、用语言文学的变革来改良社会和启蒙大众的文章。新月派同人的政论文章，涉及政治、法律、人权、教育、财政等内容，虽然具有很高的文学价值，使用的却不是纯粹文学创作的形式，体现的也是同人写作的文化性特点。所以，对于同人写作而言，文化写作的光华很多时候会盖过文学写作。

二 精英姿态下的启蒙意识

如前所述，《新月》的媒介主体大多为留学欧美的知识分子，他们回国之后是带着改变社会而不是被社会改变的愿望投入岗位工作和媒介生产的，因而其思想和行为无不透露出强烈的精英色彩。

1. 《新月的态度》："新月"的"态度"

1928 年 3 月出版的《新月》创刊号上，发表了一篇并未署名的文章——《新月的态度》。文章在指出当时所处的"荒歉"和"混乱"的年头之后，列举了十三种"我们这态度所不容的"思想和艺术倾向，通过逐一批判得出结论：

> 因为我们认定了这时代是变态，是病态，不是常态。是病就有治。绝望不是治法。我们不能绝望。我们在绝望的边缘搜索着希望的根芽。①

这是精英知识分子对当时社会现实的清醒认识，同时表达出对非常态的社会企图改进的努力。诗人气质的徐志摩通过分析，随后亮出了《新月》作为一个同人媒介的"态度"：

> 我们对我们光明的过去负有创造一个伟大的将来的使命；对光明的未来又负有结束这黑暗的现在的责任。我们第一要提醒这个使命与责任。我们前面说起过人生的尊严与健康。在我们不会发现更简赅的信仰的象征，我们要充分的发挥这一双伟大的原则——尊严与健康。尊严，它的声音可以唤回在歧路上彷徨的人生。健康，它的力量可以消灭一切侵蚀思想与生活的病菌。②

徐志摩拟定的这篇《新月的态度》，可以看作《新月》月刊事实上的宣言和宗旨。它坚信可以通过对思想文化市场的清理和建设，结束黑

---

① 徐志摩：《新月的态度》，《新月》创刊号，1928 年 3 月 10 日。
② 同上。

暗现在，创造伟大将来。为了实现这个使命和责任，提出了"尊严"与"健康"两大原则，力图以此唤回人生、消灭"病菌"。这篇"发刊词"性质的文章虽然并不能被所有的新月同人完全认同，但它所表达出来的强烈的使命感和改变现实的责任感却是新月之群的集体共识，也是他们精英姿态的具体体现。

正是这种"自封式"的"精英"身份，新月知识分子发出了不同于打破铁屋子的呐喊的另一种声音——一种贡献智慧的积极的建设的声音。他们试图用《新月》这一自由媒介的自由言论发出的这种声音，影响执政者的政策，寻求其他知识分子的支持，引导普通大众的选择，由此实现其精英价值和启蒙理想。

2. 梁实秋的"贵族化"文学思想

梁实秋在新月群体中是以文学批评见长的，并因此被誉为新月派的"首席批评家"。在《新月》月刊存在的 5 年多时间里，作为编辑者，他单独编辑刊物 8 期，又与同人合编了 8 期；作为写作者，他在《新月》发表文章多达 50 篇，成为数量最多的作者。梁实秋的文学批评总的来说以古典主义和新人文主义为主要理论依据，而在文学的大众化问题上，则始终坚持着文学作为精神贵族的特殊地位。这在他的两篇同题文章《文学与大众》中表现得十分明显。梁实秋非常独特地指出自己赖以立论的"大众"概念：

> 我所谓的"大众"，并不专指无产大众。有产的人也尽有与文学无缘的。我所谓的"大众"与多数人，是以他们的文学品味之有无而分，并不是以他们的经济地位而分。①

他进一步指出：

> 可是在如今的时代，知识阶级与不甚识字的大众，鸿沟判然。所以事实上，文学之中又有所谓通俗文学。通俗文学，也尽有改良

---

① 梁实秋：《文学与大众》，《新月》第二卷第十二期，1930 年 2 月 10 日。

之余地。但文学是否一定要通俗，那便很有疑问。①

在这一基本判断之上，梁实秋将"通俗的文艺"比喻为"味道总是稀薄的""冲淡了的酒"，"我们与其把文艺通俗化，冲淡了文艺的醇酿，来解大多数人的所不曾有的酒瘾，为什么不教育训练大众，使他们当中根本的能喝酒的人渐渐养成他们的酒量呢"？② 在大众与文艺的关系上，梁实秋旗帜鲜明地宣称：

> 我以为大众是没有文学的品味的，而比较有品味的是占少数。至少我们观察现在的事实，就可以明白大众与文学之所以不能密切的联贯起来，也许是由于文学本身罩上了无谓的艰深的藻饰以至于令多数人看不懂，也许是由于大众过分的在物质生活上奔逐以至于失掉了感受的文艺的机能。……要这样的大众能赏识文艺，必须先要使大众的程度提高，然后能进入文学园地的人才会渐渐加多起来。③
>
> 大多数的利益，固然应该尊重，少数人的利益，似乎也不必一律抹煞罢。④

在梁实秋看来，文学是少数人才能真正懂得的一门艺术，"坐在大鼓场中听水浒，与坐在书室里批点水浒，其兴味是不一致的。雅俗可以共赏，所赏者未必是一回事"⑤。对大众通俗文艺的拒斥和对文学纯正性的追求，形成了梁实秋的批评标准、写作原则和精神态度。

不同于无产阶级文学对读者大众的迁就以及在此基础上对艺术标准的下调，以梁实秋为代表的一些新月文人，在文学与大众的关系问题上表现出较强的贵族化思想和精英色彩，形成《新月》媒介主体在文学艺术上的鲜明特征。

---

① 梁实秋：《文学与大众》，《益世报·文学周刊》第 50 期，1933 年 11 月 11 日。
② 梁实秋：《文学与大众》，《新月》第二卷第十二期，1930 年 2 月 10 日。
③ 同上。
④ 梁实秋：《文学与大众》，《益世报·文学周刊》第 50 期，1933 年 11 月 11 日。
⑤ 同上。

三　绅士风度背后的秩序理性

从表二可以看出，《新月》月刊的主要成员都具有接受国内新式教育和留学欧美的受教育经历，回国后基本都能取得较高的社会地位。在《新月》月刊存在的五年多时间内，他们担任过大学教授、系主任、院长、图书馆馆长、文化基金会委员、董事等专业或社会职务，有的还兼任书局和报刊编辑，头上顶着诗人、作家、批评家的光环。从物质方面来看，其家族虽不算显赫，但至少是殷实的，绝对不是赤贫的"无产者"。他们自己从事专职和兼职所得到的报酬足以让其过上舒适优雅的"小资"生活。他们不必为基本生活保障东奔西走，他们可以成立俱乐部、发起和维持各种聚会、聚餐会，可以在居身之所做学问、写文章甚至"清议"，可以集资创办不图回报的同人刊物。教育背景和经济条件的这些"优势"，都是《新月》媒介主体绅士化生活方式形成的渊源和基础。

《新月》月刊的主要办刊者中，徐志摩汲取了康桥文化的慵懒、闲适和高雅，胡适从美国的实验哲学学到了稳健和怀疑，梁实秋则从白璧德那里学到了节制和理性。而这些都是绅士文化的基本特点。正如梁实秋所说：

> 我们办月刊的几个人的思想是并不完全一致的，有的是信这个主义，有的是信那个主义，但是我们的根本精神和态度却有几点相同的地方。我们都信仰"思想自由"，我们都主张"言论出版自由"，我们都保持"容忍"的态度（除了"不容忍"的态度是我们所不能容忍以外），我们都喜欢稳健的合乎理性的学说。①

新月知识分子所崇尚的容忍、自由、宽容，确实是我们的国民十分缺乏的可贵品格。以前的研究和叙述要么将它们作为不合时宜的思想进行讽刺，要么将它们作为贵族化的资产阶级意识形态观念进行批判，其

---

① 梁实秋：《〈新月〉月刊敬告读者》，《新月》第二卷第六、七期合刊，1929年9月10日。

实都是不公平的。正如朱寿桐对"新月派"所做的总结：远离"大多数"，追求高逸的生活品位，隐逸而又不堪寂寞；追求高超、和谐的人格，怡养通脱、幽雅的性情，显示忍耐、宽容的风度；主张维护政治"秩序"，尊崇文化"规范"。① 这是对"新月派"绅士化文人风情的概括，自然也是对《新月》媒介主体的人格、审美理想和艺术、生活情趣的概括。当然，主张容忍不等于忍受一切，崇尚自由不等于混乱无序，提倡宽容不等于不讲原则，绅士风度的养成也并不需要打不还手骂不还口。正是基于对容忍与自由的辩证理解，徐志摩才开始反思："先前我们在思想上是绝对没有自由，结果是奴性的沉默；现在，我们在思想上是有了绝对的自由，结果是无政府的凌乱。"② 并由此开始清理文学市场上的"混乱"，提倡文学的"尊严"与"健康"。与之相应，梁实秋从古典主义文学主张出发，强调"文学的纪律"和"文学的严重性"。为了实现理性节制情感的美学原则，在《新月》月刊这块阵地上，不仅刊发了大量体现新月文人绅士文化品格的文学作品，而且延续了"新月诗派"自《诗镌》以来一直倡导的"新格律诗"主张。

以《新月》媒介主体为核心的新月之群的绅士风度，是一种外在的个人气质，也是一种内在的精神修养。它以自由主义哲学观念作为信仰，以宽容、容忍的人生态度作为支撑，表现在生活情趣、政治态度和艺术创作方面，在其背后凸显的，是他们追求秩序和理性的一贯态度。

第二节 《新月》月刊的媒介体制

媒介体制既包括影响媒介的宏观制度，又包括媒介在微观上的运作机制。此处对《新月》月刊媒介体制的探讨，主要集中在微观层面，即股份合作制的经济属性和集体编辑制的业务运行机制两个方面。

一 股份合作制：非官方的经济属性

期刊是现代印刷媒介的重要形式，在其总体上作为文化商品而存在

---

① 朱寿桐：《新月派的绅士风情》，江苏文艺出版社1995年版，第191—251页。
② 徐志摩：《新月的态度》，《新月》创刊号，1928年3月10日。

的现代文化市场上，资本对期刊的编辑、出版和发行的影响不可小觑，有时甚至是起着决定性作用的关键因素。

在中国现代期刊史上，维持刊物运转的资金来源各异，如《新潮》的办刊费用由北京大学校方负责，《现代评论》是"接受官方津贴"①，《语丝》则"不用别人的钱"②。与《语丝》一样"不用别人的钱"的还有其他一些同人刊物。它们往往没有稿费和编辑费，靠的是同人在志同道合的基础上甘愿付出的"义务劳动"，故而在刊物运营方面可谓是举步艰难。1924年胡适就曾致信高一涵说："无钱而办杂志办报，全靠朋友友谊的投资，那是变态的现象，是不能持久的。《努力周报》不出稿费，连发行部的人也不支薪，这是我最不安的事。所以改办《月刊》时，我极力主张，非集点资本，正不必办。……但我们既不要军阀的钱，又不愿把自己卖给那一个帝国主义的或反帝国主义的政府，这笔钱打哪儿来呢？"③ 虽然字里行间透露出关于资金问题的疑虑和茫然，但有一点非常明确，就是必须要有一笔非官方的独立资金来支撑刊物运作。因为"周报停办后，我们感于无钱办报的困难，所以主张先筹点资本，然后办月刊"，至于刊物的发行方式，则是"仿从前《新青年》的办法，由一家书店发行，但发行人须出一点编辑费，以供聘用助手及酬外来投稿之用"。④

胡适的这种"由一家书店发行"的设想在《新月》月刊得到了实现。徐志摩在《新月》创刊时曾宣称："我们这月刊题名《新月》"，"不是因为有'新月书店'，那是单独一种营业，它和本刊的关系只是担任印刷与发行。《新月》月刊是独立的"。⑤ 这可以看作以徐志摩为首的新月同人对《新月》月刊"独立"精神的强调，并不能因此忽视《新月》月刊与新月书店的紧密联系。1927年，由新月知识分子合作创

---

① 启明（周作人）：《〈语丝〉的回忆》，《羊城晚报》1957年10月3日。

② 岂明（周作人）：《答伏园论〈语丝〉的文体》，《语丝》第54期，1925年11月23日。

③ 胡适致高一涵（1924年9月8日，稿），中国社会科学院近代史研究所中华民国史组编：《胡适来往书信选》（上册），中华书局1979年版，第258—259页。

④ 耿云志、欧阳哲生编：《胡适书信集》（上），北京大学出版社1996年版，第342页。

⑤ 徐志摩：《新月的态度》，《新月》创刊号，1928年3月10日。

办于上海的新月书店不仅理所当然成为《新月》月刊的发行者，更是在稿件、编辑事务和资金方面为月刊提供支持。关于新月书店的资本构成，亲历者梁实秋曾回忆道：

> 这书店的成本只有四千元，一百元一股，五十元半股，每人最多不能超过两股，固然收了"节制资本"之效，可是大家谁也不愿多负责了。我只认了半股。①

在回答丘彦明女士的访谈时，他说：

> 我们这一群人都不是属于"资产阶级"的人，当时由大家认股，大股100元，小股50元，凑足近5000元，"新月书店"就在望平街开张了，后来移至四马路。我是属于较为贫穷的一类，只认股50元。②

参与了新月书店实际运作的谢家崧干脆一针见血地指出了书店的资本性质：

> 新月书店是一个股份有限公司的组织，当时原定资金为五千元，以五十股为定额，每股一百元，但成立时并未收足，仅有三十余股。③

这几份材料所显示的，只有一股（大股）和半股（小股）在称呼上的区别，以及最初资金具体数额的细微差别——"四千元""近5000元""三十余股"（三千多元），但作为《新月》月刊发行者的新月书

---

① 梁实秋：《忆新月》，载程新编《港台·国外谈中国现代文学作家》，四川文艺出版社1986年版，第173页。

② 《岂有文章惊海内——答丘彦明女士问》，载李正西、任合生编《梁实秋文坛沉浮录》，中国广播电视出版社1991年版，第10—12页。

③ 谢家崧：《我记忆中的新月书店》，原载《古旧书讯》1983年第1期，见俞子林主编《百年书业》，上海书店出版社2008年版，第77页。

店采用的是集股制的资本筹集方式，则是毋庸置疑的。直至1931年8月，徐志摩致胡适的信中还在为筹集大量股份充实书店资本的"佳绩"而兴奋不已：

> 再有一件要事：昨夜在中社为《新月》扩充股份，开会成绩极佳。现决定另招三万（股不足，以透支足之），分十五组经招，每组任二千。李孤航颇热心，自任一份外，另任招二组数目。马君武将去香港，至少招二千，多至二万二（那就扩成五万了）。此外，任坚、品琴、老罗、春舫、洵美、"光旦和我"、陈光甫、"老八公权"，新六，季高，各任一组。北方责成你和公超负责一组，我想源宁等当然得招致入伙。计划不久印得，大致拟岁出书至少五十种，此外办《新月》及书报流通社。期限为三月十五日。这消息想你一定乐于听到。我们这份基础决不能放弃，大家放出精神来做吧。①

这里的《新月》虽然打了引号，但指的应是新月书店。从书店的资本持有状况和业绩看，这应该是一个没有实现的"动议"，属于"开会成绩"。但作为一个例证，它再次证明新月书店采用的是集股制作为资本聚集的基本方式。新月书店通过新月同人（也有同人亲属和朋友）购股集资形成一个股份合作制的机构，即谢家崧所谓的"股份有限公司"，此外通过向银行贷款周转来维持书店和刊物的运作。②

从理论上讲，新月书店与《新月》月刊的资金关联应该是双向的：书店作为月刊的发行者为月刊提供资金支持，月刊作为书店的一份重要产业，其盈利收入应划归书店。《新月》月刊出版之后，一直都在为增加收入、减少出版成本而努力。为了达到这一目标，除了刊登广告，增加销售量成为关键措施。梁实秋就曾因此"请求""读者诸君长年的订

---

① 虞坤林编：《志摩的信》，上海学林出版社2004年版，第298页。

② "徐父徐申如是一大财主，系当时浙江兴业银行的大股东，徐志摩的原配夫人张幼仪是当时中国银行总经理张公权的胞妹，新月书店成立后一直向这两个银行贷款周转"。谢家崧：《我记忆中的新月书店》，原载《古旧书讯》1983年第2期，见俞子林主编《百年书业》，上海书店出版社2008年版，第82页。

购"，并诚恳分析说："这样订购对于我们是有益的，因为我们在营业方面可以有一点把握，我们可以放心的编辑下去，对于读者方面更是有益，价钱较为便宜，每期出版立刻便可邮奉，既可早点看到，又可免得每次都要到书店去买。"① 新月书店出版的另一刊物《诗刊》出版后，在《新月》上还出现了"诗刊与《新月》月刊合订者，全年只收大洋一元"② 的广告。即便如此，由于《新月》月刊是同人期刊，加之其发行工作一直没有多大起色，所以销路一直很小，只有为数不多的期数较为畅销。刊物似乎一直处于收支相抵的"自救"状态。以至于徐志摩死后，新月书店因"告货无门"而最终导致"《新月》月刊出版到四卷七期也就寿终正寝了"③。

新月书店成为《新月》月刊的资金后盾之后，《新月》月刊在经济基础方面较其他刊物明显具有不同的特点，叶公超在文复会文艺研究班的一次演讲中有较为详细的总结。他说：

> 办新月杂志，颇表现了中国传统读书人的个性，同仁之间有几项不曾形诸文字的约定：
> ——要成立独立的机构，不假借任何其他力量，尤其是官方的力量；
> ——需要用的钱，都要由同仁自己拿出来；
> ——以自己所能够筹到的钱为准，可以维持多久就维持多久。
> 当时的大部分杂志，只要办得稍微像样些的，都有背景，都有人支持，左派的固然不用说，就连"现代评论"也还是这样。新月的做法，虽然注定了要失败，却也是书生本色。④

---

① 梁实秋：《〈新月〉月刊敬告读者》，《新月》第二卷第六、七期合刊，1929 年 9 月 10 日。
② 见《新月》第四卷第四期，1932 年 11 月 1 日。
③ 谢家崧：《我记忆中的新月书店》，原载《古旧书讯》1983 年第 1 期，见俞子林主编《百年书业》，上海书店出版社 2008 年版，第 82 页。
④ 叶公超：《关于新月》，载程新编《港台·国外谈中国现代文学作家》，四川文艺出版社 1986 年版，第 162 页。

如果把新月书店及包含《新月》月刊在内的相关产业当作企业化的机构来衡量，《新月》月刊在资金的收入来源和经营管理方面并不算成功。梁实秋就曾语含抱怨地说："我们从来没开过股东会"①，"《新月》月刊每期实销多少我也从来不知道"。② 在他眼里，"这个月刊是赔钱的买卖"③。叶公超在总结新月失败的原因时，非常直接地说到其中的一点："没有钱，我们坚持不接受任何他人的支援，而本身又不善于经营，总是亏损，终至于无法维持。"④

诚然，《新月》月刊这种没有"背景"、没有人"支持"的自由媒介身份，"可以维持多久就维持多久"、不以盈利为目的的同人期刊特点，在一定程度上促成甚至导致了《新月》月刊最终的结局。但是，依托新月书店的《新月》月刊所实行的这种集股制，使得刊物不依靠官方和其他政治团体，具有非官方的经济属性。独立的资金来源让刊物在面对敏感事件发表评论时相对客观公正，在批评政府时也显得"底气十足"。这些"优势"在《新月》月刊的媒介实践中表现明显。其独立、公正的媒介立场和自由、理性的人文追求都是《新月》月刊独具的，表现出不同于官办媒介和商办媒介的，自由媒介特有的运作方式和精神价值。

二　集体编辑制：合作与独立的双重原则

《新月》的创刊，是北京时局紧张、文化人云集上海的外部环境促成的，更是新月知识分子聚集后"想要一个发表文章机关"⑤，从而寻

---

① 《岂有文章惊海内——答丘彦明女士问》，载李正西、任合生编《梁实秋文坛沉浮录》，中国广播电视出版社1991年版，第10—12页。在《忆新月》中有"在股东会议听取报告"的说法。

② 梁实秋：《忆新月》，载程新编《港台·国外谈中国现代文学作家》，四川文艺出版社1986年版，第173页。

③ 梁实秋：《〈新月〉月刊敬告读者》，《新月》第二卷第六、七期合刊，1929年9月10日。

④ 叶公超：《关于新月》，载程新编《港台·国外谈中国现代文学作家》，四川文艺出版社1986年版，第165—166页。

⑤ 梁实秋：《〈新月〉月刊敬告读者》，《新月》第二卷第六、七期合刊，1929年9月10日。

求个体和群体表达的内在冲动的结果。

关于《新月》创刊时的人员状况，梁实秋有过这样的回忆：

> 两个人办不了一个杂志，于是徐志摩四出访友，约集了潘光旦、闻一多、饶子离、刘英士和我。那时候杂志还没有名称。热心奔走此事的是志摩和上沅，一个负责编辑一个负责经理。此外我们几个人对于此事业并无成见，以潘光旦寓所为中心，我们经常聚首，与其群居终日言不及义，倒不如大家拼拼凑凑来办一个刊物，所以我们同意了参加这个刊物的编辑。①

在人事组织方面，《新月》刚开始的时候"决定由胡适之任社长，徐志摩任编辑"②，但因同人们对此提出了"独断独行"的"异议"，所以，"新月创刊时，编辑人是由五个人（按：应为三个人，恐系梁氏回忆之误）共同负责，胡先生不列名"③。

事实上，正是刚开始的这个小插曲，造就了《新月》月刊日后的集体编辑制度。此后的刊物"编辑人"分别为：创刊号至第二卷第一期有徐志摩、闻一多和饶孟侃三人；第二卷第二期至第二卷第五期有梁实秋、潘光旦、叶公超、饶孟侃和徐志摩五人；第四卷第四期至第四卷第七期增加到七人，分别是叶公超、胡适、梁实秋、余上沅、潘光旦、罗隆基和邵洵美；只有第二卷第六期、第七期合刊到第四卷第三期是分别由梁实秋、罗隆基、叶公超三人先后单独担任的。

正如研究者指出的："《新月》月刊不但没有主编，而且没有固定的编辑者，编务是'轮流坐庄'办理的。"④《新月》月刊实行的这种总体上的集体编辑制度，在当时的期刊编辑中并不常见，其对《新月》月刊产生的作用和影响，主要表现在既促成了编辑同人的合作，又保持了彼此一定程度的独立。

---

① 梁实秋：《忆新月》，载程新编《港台·国外谈中国现代文学作家》，四川文艺出版社1986年版，第168—169页。

② 同上书，第169页。

③ 同上。

④ 倪平：《〈新月〉月刊若干史实之考证》，《编辑学刊》2004年第6期。

这一制度有利于编辑的集稿。担任过《新月》编辑者的饶梦侃说："办法是采用集稿制，每人只负责编一期，以便在轮转中有足够的时间去约稿、选稿，并料理自己的事情。"① 梁实秋也曾在《谈闻一多》一文中说："一多负着编辑人之一的名义，给《新月》写了一些稿，也为《新月》拉了一些稿，例如费鉴照、陈楚淮几个年轻人的稿子都是他介绍来的。"② 在徐志摩、胡适等的书信和日记中，也多次出现向人约稿、催稿，收到所集来稿，或是向负责编刊物的同人荐稿的记载。《新月》月刊的稿件主要来源于同人之手，而同人所"赐"之稿也多依赖于集体编辑中的各个编辑者以及他们的朋友。在罗隆基单独编辑《新月》时，"一班旧朋友""都不肯代《新月》做稿。志摩，实秋、一多、英士、公超、上沅、子离、西滢、叔华、从文这一班人都没有稿来。"③叶公超回忆编辑最后几期《新月》时说自己"用了很多笔名"，"所有文章几乎全由我一人执笔"④，这无不从反面证明了集体编辑制度对集稿的重要意义。

这一制度还有利于使同人在合作中培养归属感。《新月》月刊作为一个同人刊物，是一些新月知识分子基于共同或相近的志趣而创办的。这在《新月》月刊的《敬告读者》中说得很清楚：

> 我们办月刊的几个人，本来没有什么组织，一直到现在还是很散漫的几个朋友的集合，说不上什么团体，不过因为大家比较的志同道合，都不肯随波逐流，都想要一个发表文章机关，所以就邀合起来办这个刊物。
>
> ......
>
> 我们办月刊的几个人的思想是并不完全一致的，有的是信这个

---

① 饶孟侃：《关于新月派》（未刊稿），转引自王锦厚《闻一多与饶孟侃》，电子科技大学出版社1999年版，第299页。

② 梁实秋：《梁实秋怀人丛录》，中国广播电视出版社1991年版，第136—137页。

③ 罗隆基致胡适（1931年5月20日），中国社会科学院近代史研究所中华民国史组编：《胡适来往书信选》（中册），中华书局1979年版，第69页。

④ 叶公超：《我与〈学文〉》，载陈子善编《叶公超批评文集》，珠海出版社1998年版，第257页。

主义，有的是信那个主义，但是我们的根本精神和态度却有几点相同的地方。我们都信仰"思想自由"，我们都主张"言论出版自由"，我们都保持"容忍"的态度（除了"不容忍"的态度是我们所不能容忍以外），我们都喜欢稳健的合乎理性的学说。这几点是我们几个人都默认的。①

正是"我们办月刊的几个人"信仰不同"主义"造成的"不肯随波逐流"和"散漫"，以及其具有的"自由""容忍""稳健"这"几点相同"的"精神和态度"，使得《新月》这个"发表文章机关"很大程度上能够在同人的合作下运转，并使其同人在文学创作和批评中各具特色而又具有相通的风格和标准，在政治讨论中各自用力却又方向大体一致。与此同时，在长期的编辑出版过程中，《新月》月刊使同人之间建立了深厚的情感友谊，更有着深刻的思想交流，在此基础上培养了同人归属感，形成了同人向心力。

《新月》月刊的集体编辑制度不是铁板一块，它在保证编辑者内部以及新月同人之间有效合作的同时，在体制上为各编辑者及其所属群体各自的诉求表达留下了一定的空间，而这些空间和缝隙又成为谋求编辑队伍乃至整个刊物独立精神和原则的重要保证。

这种集体编辑制的相对独立性，首先表现在其对编辑权产生的一定程度的制衡作用。

如前所述，《新月》月刊是没有主编的，但这并不是说它在用稿等编辑事务方面就是一盘撒沙的混乱局面。考察《新月》月刊各个阶段的编辑者们的活动可以发现，刊物在每一个时期都有相当于主编的"主要编辑者"存在，这个"主要编辑者"往往影响甚至决定着整个刊物在这一时期的稿件取舍、话题设置和编辑风格。梁实秋曾回忆说："《新月》杂志于一九二八年三月十日首刊，编辑人列徐志摩、饶子离、闻一多三个人。事实上饶子离任上海市政府秘书，整天的忙，一多在南

---

① 梁实秋：《〈新月〉月刊敬告读者》，《新月》第二卷第六、七期合刊，1929 年 9 月10 日。

京，负责主编的只是志摩一个人。"① 谢家崧也说《新月》"创刊时以徐志摩、闻一多、饶梦侃三人为主编，但实际编辑大权却在梁实秋手里，因为该刊最后清样都必须送交梁实秋阅后才能付印"②。事实也是如此，徐志摩对文学的坚持，梁实秋、罗隆基对政治批评和言论自由的倚重，成为他们各自在担任《新月》"主要编辑者"时的关注重点和办刊方向，也使得《新月》月刊在不同人的手里呈现出不同的风格和特点。

即便如此，"主要编辑者"的编辑权力还是要受到同人们的制约，就连基本的用稿权也不例外。有两个例子足可说明。

1929 年 7 月 21 日徐志摩致李祁的一封信中说：

> 我编"新月"，早已不满同人之意。二卷一期我选登外稿《观音花》，读者颇多称赞（例如邵洵美至称为杰作。其实此文笔意尚活泼可取，作者系一年青学生，我不相识也），但梁实秋大不谓然，言与"新月"宗旨有迳庭处，适之似亦附和之，此一事也。X 光室及译文我一齐送登二期，梁君又反对，言创作不见其佳，译文恐有错处。我说我意不然，此二文决不委屈"新月"标准，并早已通知作者。结果登一篇。我谓梁君如必坚持尽可退回，无妨也，但不知如何，译作仍在三期登出。胡先生亦谓"X 光室"莫名其妙，我亦不与辩。适"新月"董事会中有决议，我遂不管编辑事。上月陈通伯夫妇来，说及"X 光室"，皆交口赞美，我颇觉抒气，继雪林女士及袁昌英亦都说好。我说如此看来，我眼睛不是瞎的，但始终未向梁、胡诸前辈一道短长，因无可喻也。③

1931 年 4 月 22 日罗隆基在致胡适的一封信中提到的也是关于稿件的事：

---

① 梁实秋：《谈闻一多》，《梁实秋怀人丛录》，中国广播电视出版社 1991 年版，第136—137 页。

② 谢家崧：《我记忆中的新月书店》，原载《古旧书讯》1983 年第 1 期，见俞子林主编《百年书业》，上海书店出版社 2008 年版，第 81 页。

③ 虞坤林编：《志摩的信》，上海学林出版社 2004 年版，第 205 页。

彭基相稿是志摩所介绍。彭基相为何如人，我素昧生平。《月刊》出版后，一多、实秋及先生都同声反对，我始知此人一点底细。原稿，志摩说已经看过，且力言可登，从前《新月》又曾屡次发表过彭的文章，于是我就将原稿发刊。编辑人不看过稿子，将文章发表，自是荒谬。这里，志摩亦连累人了！①

徐志摩信中所说的"外稿《观音花》"是发表在《新月》二卷一期上署名冷西的作者的一篇小说。李祁的两篇文章则是小说《照 X 光室》和翻译作品《说旅行》，分别发表在《新月》第二卷第二期和第二卷第三期，也是李祁在《新月》上发表的仅有的两篇文章。罗隆基信中提到的彭基相的文章，指的是发表在《新月》第三卷第五期、六期合刊上的《文化精神》。彭基相一直是《新月》哲学文章的代表作者，在《新月》发表的 9 篇文章中，有 6 篇是有关哲学史和哲学研究的，但就是这篇由徐志摩"介绍"和"已经看过"的《文化精神》，遭到了胡适、闻一多和梁实秋的"同声反对"，成为彭基相在《新月》上发表的最后一篇文章。②

这两封信固然是《新月》编辑内部生活的缩影，但它们所反映出来的，是胡适、徐志摩、梁实秋、罗隆基这几个对《新月》编辑事务有重要影响的同人之间在艺术趣味、审美标准和编辑思想等方面的"分歧"。这些"分歧"表现在刊物编辑上，便是对稿件刊发与否的不同意见。这两封信涉及对三位作者的四篇稿件的处理结果，以及新月同人对编辑者处理结果的不同态度。前者明显表现出徐志摩在刊物编辑方针和用稿原则上的"不满同人之意"，而后者是罗隆基就自己所编稿件遭到

---

① 罗隆基致胡适（1931 年 4 月 22 日），中国社会科学院近代史研究所中华民国史组编：《胡适来往书信选》（中册），中华书局 1979 年版，第 61 页。

② 关于此事，谢家崧在《新月社始末我见》中说："《新月》月刊第三卷第五、六期合刊中发表了彭基相的《文化精神》一文，引起了胡、梁、罗等人的不满和反对，因为这篇文章是与胡、梁、罗等人的政治主张相违悖的，特以此文质量低劣为理由，向组织此稿的徐志摩大兴问罪之师，后由潘光旦、刘英士等出面调停，并允许今后不再组织此类文章而平息。这更表明胡、梁、罗等人所提倡的'言论出版自由'是什么东西了。"此说对事情的经过补充明了，但评价颇多个人情绪。谢家崧：《我记忆中的新月书店》，原载《古旧书讯》1983 年第 1 期，见俞子林主编《百年书业》，上海书店出版社 2008 年版，第 71 页。

的"反对"给胡适的解释，有无可奈何的"屈从"，也有委婉的"申诉"。

《新月》用稿权彼此制约的另一个例子是关于梁启超的。梁启超1929年1月19日在北京病逝，"一部分新月社的老成员准备把即将出版的《新月》月刊第二卷第一期作为纪念专号出版"①，在这些主张出版梁启超纪念专号的"新月社的老成员"中，徐志摩是最卖力的。他在梁启超去世的第二天（1月20日）就致信胡适直接谈到此事：

> 《新月》出专号纪念，此意前已谈过，兄亦赞成，应如何编辑亦须劳兄费心。先生各时代小影，曾嘱廷灿兄挂号寄沪，以便制版，见时并盼问及，即寄为要。②

信中除谈到出纪念专号，徐志摩还托胡适将梁氏未竟之作《桃花扇考证》和《稼轩年谱》续完，并将怀念文章编成纪念册。就在两天之后（1月23日），徐志摩再次致信胡适，考虑和安排已经非常周到详细：

> 昨天与实秋、老八谈《新月》出任公先生专号事，我们想即以第二卷第一期作为纪念号，想你一定同意。你派到的工作：一是一篇梁先生学术思想的论文；二是搜集他的遗稿，检一些能印入专号的送来；三是计画别的文章。关于第三，我已有信致宰平，请他负责梁先生传记一部。在北方有的是梁先生的旧侣，例如塞老、仲策、天如，罗孝高、李藻荪、徐君勉、周印昆等，他们各个人都知道他一生一部的事实比别人更为详尽。我的意思是想请宰平荟集他们所能想到的编制成一整文，你以为如何，请与一谈。我们又想请徽音写梁先生的最后多少天，但不知她在热孝中能有此心情否，盼

---

① 谢家崧：《新月社始末我见》，原载《古旧书讯》1985年第2期，见俞子林主编《那时文坛》，上海书店出版社2008年版，第70页。

② 徐志摩致胡适（1929年1月20日），中国社会科学院近代史研究所中华民国史组编：《胡适来往书信选》（上册），中华书局1979年版，第505—506页。

见时问及。专号迟至三月十日定须出版，《新月》稿件应于二月二十五日前收齐，故须从速进行。

此外，梁先生的墨迹和肖像，我上函说及，你以为应得印入专号的，亦须从早寄来制版。在沪方，新六允作关于欧游一文，放园亦有贡献，实秋及我都有，通伯、一多处亦已去函征文。①

按照徐志摩的部署，《新月》第二卷第一期梁启超专号已几近完美，梁启超的墨迹、肖像、论文、遗稿、传记和怀念文章都在徐的计划之中，甚至连出版日期都已定好，但纪念专号最终却因"遭到部分成员的反对而没有出成，并把已付排的稿件从印刷厂抽了回来"②。在这件事情上持反对意见的主要是胡适，他的不支持直接导致了纪念专号出版计划的流产。自从当初《新月》月刊的人事安排受到同人们"独断专行"的指责后，胡适一直没有列名编辑者名单，但他却一直是"领导"和"左右"《新月》月刊的重要人物。梁启超纪念专号的流产，固然说明了胡适这个"编外"同人对《新月》编辑队伍的重要影响，同时也表明集体编辑制之下的《新月》同人之间在用稿权和其他事务方面相互制约的事实。

应该注意的是，《新月》月刊的集体编辑制度所形成的这种合作与独立并存的局面，要求同人之间必须保持在一个合理的距离范围之内才能产生良好效果，距离太近不利于用稿及其他事务决定权上的相互制约，距离太远则不利于形成同人向心力而最终影响彼此的合作。新月知识分子自由主义立场所具有的个性主义价值哲学使得新月同人之间具有先天的距离。同是《新月》的编辑者，当年的梁实秋把这看作一个优点："我们几个人说的话并不一定是一致的，因为我们没有约定要一致。"③ 而多年后的叶公超在回忆中却将之视为新月失败的教训：新月

① 徐志摩致胡适（1929 年 1 月 23 日），中国社会科学院近代史研究所中华民国史组编：《胡适来往书信选》（上册），中华书局 1979 年版，第 506—507 页。

② 谢家崧：《新月社始末我见》，原载《古旧书讯》1985 年第 2 期，见俞子林主编《那时文坛》，上海书店出版社 2008 年版，第 70 页。

③ 梁实秋：《〈新月〉月刊敬告读者》，《新月》第二卷第六、七期合刊，1929 年 9 月 10 日。

同人之间"行的是多头政治，各有各的意见，时常不能统一"①。就《新月》月刊的核心成员之间的关系来看，"不能统一"的"意见"并非不能并存和和平共处，只是这些"意见"要建立在"大致一致"的基本方向上和"协商解决"的基本原则上，舍此两点，则群体必散，刊物必败。所以，当《新月》月刊开始大谈政治，尤其是罗隆基主政时期，"很多新月社的成员""就不愿把自己的作品交给《新月》月刊发表"了。② 面对稿荒，罗隆基只得向徐志摩解释（抱怨）说："《月刊》内容非大家负责不可。半年来，一多、实秋、英士、子离、上沅、公超、西滢、叔华等先生都没有稿来，你的稿亦可说太少。《新月》内容的退步，大家都要负责任的。"③ 而此时的徐志摩去意已决，他在致李祁的信中说："我颇想另组几个朋友出一纯文艺月刊，因'新月'诸公皆热心政治，似不屑治文艺，我亦不便强作主张也。"④ 最后徐志摩果然与他的诗友们办起了《诗刊》。退出也是一种捍卫观点的反抗方式，在《新月》的同人群体尤其是编辑者群体里，由于各自的个性表达和"派中之派"利益诉求上的冲突，拉大了同人合作必需的合理距离，使之形成《新月》月刊最终停刊的一个重要原因。

第三节 《新月》月刊的传播方式

作为同人媒介，《新月》月刊在传播上具有明显的"抱团"的特点，在人事安排上将编辑、出版、发行等各个环节的人员统合起来"身兼数职"，在内容的传播上则充分利用传播渠道，借助自身的书店、月刊资源和其他相关媒介进行一体化传播。从受众来看，《新月》月刊集中于同人群体而又不囿于同人，在为同人"服务"的同时也开发出不

---

① 叶公超：《关于新月》，程新编《港台·国外谈中国现代文学作家》，四川文艺出版社1986年版，第165—166页。

② 谢家崧：《新月社始末我见》，原载《古旧书讯》1985年第2期，见俞子林主编《那时文坛》，上海书店出版社2008年版，第70页。

③ 罗隆基致徐志摩（1931年5月20日），中国社会科学院近代史研究所中华民国史组编：《胡适来往书信选》（中册），中华书局1979年版，第70页。

④ 虞坤林编：《志摩的信》，上海学林出版社2004年版，第205页。

少商业性读者和政治性读者，从而扩大了这一同人媒介的传播效果。

一 一体化：协作共赢的"营销"策略

1. 人事：编辑、出版与发行一体化

《新月》月刊虽然迟至 1928 年才创刊，但筹备工作或者说办刊意向的萌生却是较早的事情。胡适创办的《努力周报》停办后，就一直想"先筹点资本，然后办月刊"，并准备采用"由一家书店发行"的方式来支持月刊的运作。① 这实际上就是《新月》月刊的孕育过程。谢家崧在谈到新月书店的创办时说："徐（指徐志摩——引者注）和新月社一些人到上海后感到写作缺少发表的地盘，亟思成立一个出版机构"，于是"决定成立新月书店"， "除出版图书外并决定出版《新月》月刊"。② 由此似乎可以推断，成立于 1927 年的新月书店作为新月同人发起创办的书店，其主要目的并不在于通过开办书店来获取多少经济利益，而在于以书店为实体来支撑同人酝酿已久的"月刊"的运转，为《新月》月刊在资金、稿件、出版、发行等方面提供支持。

在经济方面，以集股制运转的新月书店一直为《新月》月刊提供资本保障，这由新月同人中的主要人物在书店和月刊这两个实体中的双重身份决定，也与胡适当年的设想一致。因此，《新月》月刊的销售收入也需要纳入新月书店的收入账目，并对股东会负责。梁实秋曾回忆说："虽然我是书店的总编辑，我不清楚书店的盈亏情形，只是在股东会议上听取报告。《新月》月刊每期实销多少我也从来不知道。"③ 言语之中透着淡然和嗔怪。与这种经济隶属关系相应的，《新月》月刊的发行者一直是为其提供资金支撑的新月书店，这在《新月》月刊每期的版权页上都有标注，即使是从第四卷第二期开始多了一个发行人（三期后改为出版者）邵浩文，但仍然是将新月书店作为发行所印在版权页上的。1931 年邵洵美加入新月书店后，在北平设立了分店，谢家崧曾"任该

---

① 耿云志、欧阳哲生编：《胡适书信集》（上），北京大学出版社 1996 年版，第 342 页。
② 谢家崧：《新月社始末我见》，原载《古旧书讯》1985 年第 2 期，见俞子林主编《那时文坛》，上海书店出版社 2008 年版，第 69 页。
③ 梁实秋：《忆新月》，程新编《港台·国外谈中国现代文学作家》，四川文艺出版社 1986 年版，第 173 页。

店北平分店营业主任"①，《新月》月刊从第四卷第二期开始的发行所也由原来的"上海四马路新月书店"一处改为"上海四马路中新月书店、北平米市大街"两处。同年 5 月，罗隆基在给徐志摩的信中谈到"书店营业"时说："广东分销处据说不坏。舜琴已带去《新月》书一大箱，拟在南洋为《新月》设一分销处。"② 由此可见，《新月》月刊的发行对于新月书店及其分店而言是"分内之事"，也是一笔重要的"生意"。事实上，《新月》月刊的商业发行一直是依靠新月书店通过店面交易和邮局寄送销售实现的。

在业务领域，新月书店由新月同人参股组建而成。在 1927 年 6 月 27 日和 28 日《申报》连载刊登的一份《新月书店启事》中署名的新月书店创办人共有八人：胡适、徐志摩、宋春舫、徐新六、张歆海、吴德生、张禹九、余上沅。③ 此后的新月书店日常事务管理一直是委托他人完成的。余上沅、潘孟翘、张禹九、萧克木、邵洵美、林徽因都曾受托担任过新月书店的"经理"④。总共 43 期《新月》月刊列名的"编辑者"先后有徐志摩、闻一多、饶孟侃、梁实秋、潘光旦、叶公超、罗隆基、胡适、余上沅、邵洵美。比较这几份名单可以发现，徐志摩、胡适和余上沅既是新月书店的创办人，又是《新月》月刊列名的"编辑者"；余上沅和邵洵美参与过新月书店的经营，又担任过《新月》月刊的"编辑者"；《新月》月刊的"主要编辑者"梁实秋、叶公超等同时又是新月书店的编辑，新月书店出版的很多书籍的编校工作都是由他们完成的；至于胡适和徐志摩，则在书店和月刊的组稿、统稿和整体协调方面都起到了重要作用。《新月》月刊第二卷第六、七期合刊开始刊登的《新月书店编辑部启事》和《新月月刊编辑部启事》中，为书店和月刊征稿的收稿地址都是"上海望平街新月书店"，只不过书店征稿

---

① 谢家崧：《新月社始末我见》，原载《古旧书讯》1985 年第 2 期，见俞子林主编《那时文坛》，上海书店出版社 2008 年版，第 66 页。

② 罗隆基致徐志摩（1931 年 5 月 20 日），中国社会科学院近代史研究所中华民国史组编：《胡适来往书信选》（中册），中华书局 1979 年版，第 70 页。

③ 参见陈子善《关于新月派的新史料》，见王晓明主编《二十世纪中国文学史论》（第二卷），东方出版中心 1997 年版，第 211—212 页。

④ 刘群：《新月书店经理更替的史实考察》，《中国现代文学研究丛刊》2008 年第 6 期。

"转交编辑部"，月刊征稿"转交新月月刊编辑部"，其实处理稿件的基本上都是一班人马。由此可见，在编辑出版方面，新月书店和《新月》月刊也是相通的。

《新月》月刊正是利用了新月同人们在出版方面的优势，积聚起同人的力量，以新月书店为依托，借助书店的资本基础和稿件来源，将编辑、出版和发行等各个环节联系起来，从而实现了《新月》月刊在人事上的一体化。

2. 内容：书店、月刊与其他刊物一体化

从媒介内容来看，《新月》月刊与新月书店以及其他相关刊物之间形成了一体化的传播方式。

由于新月书店和《新月》月刊都是新月同人创办，共同目的是用以刊发文章拓展言论空间，因而在媒介内容的选择和使用上自然具有一致性。最突出的表现是新月书店以书籍形式对《新月》文章进行二次（多次）传播。

在《新月》月刊发表的文章，由新月书店单独出版发行，是一种习见和惯常的传播方式。沈从文的《阿丽思中国游记》在《新月》第一卷第一期至第八期连载，1928 年即由新月书店出版。1931 年新月书店出版的《从文子集》中的《灯》（发《新月》第二卷第十二期）和《绅士的太太》（发《新月》第三卷第一期）也是在《新月》月刊发表过的。此外，徐志摩、陆小曼合著的《卞昆冈》（发《新月》第一卷第二期、第三期，新月书店 1928 年 7 月初版）、胡适的《庐山游记》（发《新月》第一卷第三期，新月书店 1928 年出版）、潘光旦的《日本德意志民族性之比较的研究》（发《新月》第一卷第二期、第三期，新月书店 1930 年 4 月出版）及译著《自然淘汰与中华民族性》（发《新月》第一卷第六期、第七期、第九期、第十期、第二卷第一期，新月书店 1929 年 12 月出版）、梁实秋的《文学的纪律》（发《新月》创刊号，新月书店 1928 年初版）及译著《阿伯拉与哀绿绮思的情书》（发《新月》第一卷第八期，新月书店 1928 年初版），都是以这种方式传播的。

将《新月》月刊上相关主题的系列文章结集出版，是新月书店的一种重要营销手段，也是《新月》月刊对媒介内容的一种强化性传播方式。《中国问题》一书收录了发表于《新月》的十篇文章，包括《我们走那条路》（胡适，发《新月》第二卷第十期）、《我们要什么样的政治制度》（罗隆基，发《新月》第二卷第十二期）、《怎样解决中国的财政问题》（青松，发《新月》第三卷第一期）、《关于中国人口问题的一篇外论》（刘英士译，发《新月》第三卷第一期）、《中国农民的生活程度与农场》（吴景超，发《新月》第三卷第三期）、《制度与民性》（郑放翁，发《新月》第二卷第十二期）、《宗教与革命》（全增嘏，发《新月》第三卷第三期）、《姓，婚姻，家庭的存废问题》（潘光旦，发《新月》第二卷第十一期）、《我的教育》（沈有乾，发《新月》第三卷第二期）、《优生的出路》（潘光旦，发《新月》第四卷第一期）。这些文章是"平社""中国问题研究"的系列论文，1932 年潘光旦将其汇编成册作序由新月书店出版，集中表达了新月同人对当时中国政治、经济、革命、家庭、教育等社会问题的看法与出路思考。同年出版的《新月》文集还有《政治论文》一书，包括《论人权》（发《新月》第二卷第五期）、《专家政治》（发《新月》第二卷第二期）、《告压迫言论自由者》（发《新月》第二卷第六、七期合刊）、《我对党务的尽情批评》（发《新月》第二卷第八期）、《我们要什么样的政治制度》（发《新月》第二卷第十二期）、《论共产主义》（发《新月》第三卷第一期）、《我们要财政管理权》（发《新月》第三卷第二期）、《我的被捕的经过与反感》（发《新月》第三卷第三期）、《对训政时期约法的批评》（发《新月》第三卷第八期）、《论中国的共产》（发《新月》第三卷第十期）共十篇文章，每一篇都是问题尖锐、论述精彩（观点不一定都正确）同时"火药味"又很浓的政论文章。这是作为编者的罗隆基将《新月》办刊方针转向政治后收获的"胜利果实"，也是作为作者的罗隆基在《新月》上发表的文章的一次精华浓缩和集体检阅。其实早在1930 年，新月书店出版的《人权论集》就已经成功实践了将《新月》文章结集出版以造成最大传播效果和最佳销售业绩的模式。《新月》月刊从梁实秋执掌以来便开始转向谈政治，先后发表了新月同人的一系列谈人权、争自由的文章。新月书店将《人权与约法》（胡适，发《新月》第二卷第二期）、《"人权与约法"的讨论》（胡适、张羽军、诸青来，发《新月》第二卷第四期）、《我们什么时候才可有宪法？》（胡适，发《新月》第二卷第四期）、《论人权》（罗隆基，发《新月》第二卷第五期）、《论思想统一》（梁实秋，发《新月》第二卷第三期）、《告压迫言论自由者》（罗隆基，发《新月》第二卷第六、七期合刊）、《新文化运动与国民党》（胡适，发《新月》第二卷第六、七期合刊）、《知难，行亦不易》（胡适，发《新月》第二卷第四期转载）、《专家政治》（罗隆基，发《新月》第二卷第二期）、《名教》（胡适，发《新月》第一卷第五期）十篇文章编成一册，由胡适作序由新月书店出版，取得了很好的发行业绩，虽然遭到了国民党当局的查禁，但同时也扩大了《新月》月刊的影响。

在《新月》月刊为新月书店出版的书刊刊登广告，是一体化传播的又一体现。

《新月》上的图书广告基本都是为新月书店而作，大量出现的是新月书店本版书籍的广告，外版书的广告只有少量几种："1930 年秋季新出版英文文学书籍"系列，共 5 种，《新月》第三卷第二至四期刊登三次；"商务印书馆出版新书"共 16 种，《新月》第三卷第二至四期刊登三次"商务印书馆最近出版新译及创作小说"共 12 种，《新月》第三卷第九期刊登一次；上海银行信托部"商品调查丛书之一"《米》，《新月》第三卷第十一期刊登一次。与此形成对比，胡适、徐志摩、梁实秋、潘光旦等《新月》月刊或新月书店的骨干成员每出版一本新书或是书籍再版一次，都会在《新月》上大打广告。如胡适只出了上卷的《白话文学史》，从 1928 年初版到 1931 年出至第五版，在《新月》月刊的广告中出现多达 27 次；《志摩的诗》到 1933 年更是出至第六版，在《新月》月刊中出现的广告次数达 31 次之多，几乎每一期都能看见它们的广告，有时在同一期中甚至出现两次。此外，胡适的《庐山游记》、徐志摩的《巴黎的鳞爪》和《自剖》、梁实秋的《骂人的艺术》和《浪漫的与古典的》、陈源的《西滢闲话》、闻一多的《死水》、沈从文的《阿丽思中国游记》和《蜜柑》等都是在《新月》月刊广告宣传中卖力最多，同时也是新月书店版次最多和销售业绩最好的一批书。

《新月》月刊刊登的这些图书广告具有独特特点。首先，从形式上看，分为书目广告和文字广告（少量配有简单图案）。书目广告只列书名、著者和价格，简洁明了，节约版面。文字广告则精练地介绍作者情况和作品内容，有的不乏精妙的评论。其次，从宣传手段来看，这些广告遵循商业规律，将尽可能详尽的信息传递给目标读者，将最吸引眼球的亮点突出显示。名人作序、名人画封面、价格优惠、纸张独特等都会被突出强调，而一些计划出版尚未出版的书籍或丛书，则标明"即将出版""下月出版""印刷中"等预售信息，以制造市场预期和寻求潜在读者。最后，从刊登方式来看，一是重复滚动刊出，即将相同的广告内容在不同期号上连续或断续刊出，以达到长时间宣传的目的；二是多样集中宣传，同一部书既采用书目广告又采用文字广告，对重点推出的图书，有时还为一部书拟写几份不同的广告文字（如《梦家诗集》等）。新月书店通过在《新月》月刊刊登广告，将书店出版的书籍推荐给月刊的固定读者，扩大了书籍的销售量，增强了新月书店的经济基础。《新月》月刊也借助图书广告推销了《新月》发表的部分文章，并通过与新月书店的联合，展示了刊物的实力，强化了刊物的品牌。

《新月》月刊传播的一体化特征还体现在《新月》月刊与其他刊物之间的互动融合。

期刊目录或要目登载是《新月》月刊采用的一种重要的刊物推介方法。据统计，总共 43 期《新月》刊物中有 35 期刊登了近 30 种期刊的目录或要目，总共超过 200 期次。《新月》月刊自己通过目录、要目和总目的连续、反复登载，推介次数多达约 82 期次，还不包括《新月》合订本广告。新月书店出版的季刊《诗刊》，仅出了 4 期，在《新月》刊载的目录却多达 8 期次。此外，在《新月》上刊登目录较多的期刊还有：《真美善》（曾朴父子主办，真美善书店发行，登载 12 期次）、《贡献》旬刊（孙伏园主编，嘤嘤书屋发行，登载 9 期次）、《小说月报》（商务印书馆印行，登载 8 期次）、《新女性》（上海开明书店发行，登载 8 期次）、《一般》（上海开明书店发行，登载 7 期次）、《春潮月刊》（上海春潮书局发行，登载 8 期次）、《人文月刊》（人文编辑所总发行，登载 7 期次）。通过对比可以发现，常在《新月》上刊登期刊目录的刊物，基本都和《新月》月刊或新月书店有较为密切的关系。如新月书店代定、代售的《贡献》、《外交评论》等，胡适主编的《独立评论》、刘英士主编的《图书评论》、沈从文主编的《人间月刊》、红黑出版社发行的《红黑》和总代售的《华严月刊》，还有邵洵美接管、林语堂主编的《论语》、《清华周刊》等。它们的负责人要么是新月主将，要么是新月社故侣，要么是《新月》月刊的重要作者。当然也有一些刊物仅仅出现过一次，如《秋野》、《东方杂志》、《泰东月刊》、《文学周报》、《世界月刊》、《今日》、《申报月刊》、《文艺月刊》、《清华周刊》、《法学杂志》等。

　　查看比较在《新月》上刊载目录的当期其他刊物和刊登目录的当期《新月》月刊的出版日期可以发现，和《新月》月刊相比，这些刊物有的出版日期在后，多半出版日期在前。这说明目录登载除了少数是想起到预告作用外，多数都是滞后的。其目的一方面是对已出版刊物的文章进行总结，对重要文章或观点进行推荐以引起注意，从而扩大影响；另一方面是借此对刊物进行广告性商业推介，通过刊登目录扩大读者群，以有利于刊物订购、补定。当然，有时候同一期刊物的目录在同一期《新月》上重复刊登，就极有可能纯粹是为了弥补版面不足了。

　　除了刊登期刊目录或要目，《新月》上还经常刊登期刊广告。除了《图书评论》、《独立评论》、《社会杂志》等，还有"助少壮求位育，促民族达成年"之《华年》，"林语堂编辑唯一的幽默刊物"《论语》，"有趣味有价值的周刊"《生活》，都在《新月》月刊刊登过广告。尤其是《生活》周刊的广告，不仅登载次数多，而且文字丰富，除了介绍刊物的价格、出版日期、销售地点等一般信息外，还详细介绍了刊物的宗旨、方针和态度。《新月》第一卷第七期甚至刊登了王云五、朱经农、胡适之、陈布雷、潘公展等十位知名人士对《生活》周刊的评价作为广告，引领读者"请看诸位的批评"，可谓用心良苦。

　　当然，《新月》月刊除了利用自身阵地，也不会放过在其他刊物上的推介和宣传。与新月同人有着复杂而紧密关系的《现代评论》1927年将出版地迁到了上海，从而成为新月书店和《新月》月刊的亲密伙伴。《现代评论》不仅经常登载《新月》的期刊目录或要目，而且不时刊登《新月》月刊的订购和销售广告。如："本期（按：指《新月》第一卷第二期）因稿件甚挤，篇幅过多，仍售特价四角。长期定阅者，不另加价。"① 又如："在出版前定阅全年者，照定价八折，半年者九折，外埠以信封面上之邮局回单为凭。"② 这些推销的方式正如借助《新月》月刊进行宣传的其他刊物一样，最大限度地发布了期刊的相关信息，也最大限度地传播了媒介内容。

总之，《新月》月刊通过人事上的同人优势，实现了新月书店与《新月》期刊在编辑、出版和发行上的最大限度的一体化，这也造成了月刊文章和书店图书在内容上一定程度的重合。同时，新月书店、《新月》月刊和其他刊物之间通过目录登载和广告刊登等手段，实现了媒介内容的一体化。这种一体化的传播方式对参与其中的媒介而言无疑是一种协作共赢的"营销"策略，对《新月》月刊的内容传播自然也是一种延伸和促进。

二 《新月》月刊的受众构成与传播特点

《新月》总体上来说是一个同人刊物，并不以盈利为主要目的，所以发行量并不算大，基本上只能"得着三千到四千个的同情者"③，在挑起关于翻译、左翼文学和人权问题的论争后销量有所增加，但也只是一万份左右。即便如此，在研究《新月》月刊的受众群体时也不可能将其精确量化。究竟有哪些人曾经是《新月》月刊的读者？这已是一宗"死无对证"的"悬案"了。即便如此，我们仍然可以根据现有的资料提供一些《新月》读者的"证据"：

【丁文江】《新月》已经收到，谢谢。④

---

① 《现代评论》第七卷第一百七十六期，1928 年 4 月 21 日。
② 《现代评论》第七卷第一百七十二期，1928 年 3 月 24 日。
③ 《〈新月〉编辑余话》，《新月》第一卷第七期，1928 年 9 月 10 日。
④ 丁文江致胡适（1928 年 3 月 20 日），中国社会科学院近代史研究所中华民国史组编：《胡适来往书信选》（上册），中华书局 1979 年版，第 473 页。

【江绍原】您赏的《新月》一册，早已寄到。①

【史济行】从你的《人权与约法》在《新月》发表以后，我碰到的朋友 有三种说法：

一种是："老史！《人权与约法》你有看过吗？很可以看一看。"

一种是："《人权与约法》没有什么可看，完全是法国大革命后的思想。"

一种是："胡适忽变了曾琦一流人物，思想太落伍了，什么人权，什么约法？"

但在我读了《人权与约法》后，觉得中国是很需要这样，并没有其它可说。《新月》在宁波是禁止了，所以第四期你的一篇"宪法……"只听人说而没有看到。②

【张孝若】前天在友人处，《新月》上的二篇大文已经读过，果然有声有色，今天高兴，做一首诗送你，另纸写上（勿发表）。③

【张孝若】先生最近在《新月》发表的一篇文字，前天读过了。④

【刘公任】《新月》第五、六合刊本，我托人买过，不曾买到。特向您揩油，请赠一本给我为感。⑤

【陶愚川】今见一事，益信先生之《人权与约法》之重要。《新月》二卷十期中《黄景仁恋爱诗歌》之作者邱竹师君，余之同级友也（在法大附中时）。⑥

---

① 江绍原致胡适（1928 年 8 月 2 日），中国社会科学院近代史研究所中华民国史组编：《胡适来往书信选》（上册），中华书局 1979 年版，第 490 页。

② 史济行致胡适（1929 年 8 月 30 日），中国社会科学院近代史研究所中华民国史组编：《胡适来往书信选》（上册），中华书局 1979 年版，第 540 页。

③ 张孝若致胡适（1929 年 9 月 10 日），中国社会科学院近代史研究所中华民国史组编：《胡适来往书信选》（上册），中华书局 1979 年版，第 543—544 页。

④ 张孝若致胡适（1930 年 2 月 7 日），中国社会科学院近代史研究所中华民国史组编：《胡适来往书信选》（中册），中华书局 1979 年版，第 5 页。

⑤ 刘公任致胡适（1930 年 1 月 20 日），中国社会科学院近代史研究所中华民国史组编：《胡适来往书信选》（中册），中华书局 1979 年版，第 3 页。

⑥ 陶愚川致胡适（1930 年 5 月 13 日），中国社会科学院近代史研究所中华民国史组编：《胡适来往书信选》（中册），中华书局 1979 年版，第 14 页。

【刘大杰】《新月》上你那三篇文章，我最爱第二篇《九年间的家乡教育》。那篇给予人的印象是很深的。最成功的一点，是在纯朴的家园的生活里，反映出来一个聪明的孩子和一个慈爱而又是孤苦的母亲相依为命的活泼的面影。①

【龙冠海】昨天收到从国内寄来的几本《新月》，刚才在第三卷第四期上看了你的《介绍我自己的思想》，这是引起我动笔的唯一原因，想把我个人对于你的感想写出来和你谈谈。②

【韦素园】志摩先生惨死，出人意外。读《追悼专号》，方了解他的为人。③

一个刊物的读者当然是不可列举的，已作为历史存在的《新月》月刊更是如此。综合考察《新月》月刊的受众群体，可以发现其受众构成及与之相应的受众特点。

《新月》月刊最直接的受众应该是新月同人。这个群体包括《新月》月刊的编辑者、认同新月同人价值观念的《新月》作者、新月书店的编辑者和曾经的新月社成员中关注新月同人发展和《新月》月刊的"新朋故侣"。这一群体决定了《新月》受众的同人化特点。也就是说，对《新月》月刊的消费阅读一定程度上是圈子化的"自消费"。《新月》编辑部通过定期或不定期地向同人寄送《新月》月刊来交流观点和密切联系，以寻求同人支持、巩固同人精神、扩大同人范围和加强刊物影响。

在《新月》的读者中，占相当部分的是非新月同人的知识分子，他们很多都是新月同人们的同事、朋友、学生等，属于新月同人群体的衍生群体。这其中当然也包括一些与新月同人并不熟识，仅仅依靠订阅刊物的市场行为自然结合在一起的纯粹的读者。这一群体在身份上多是大

---

① 刘大杰致胡适（1931年2月27日），中国社会科学院近代史研究所中华民国史组编：《胡适来往书信选》（中册），中华书局1979年版，第51—52页。
② 龙冠海致胡适（1931年4月9日），中国社会科学院近代史研究所中华民国史组编：《胡适来往书信选》（中册），中华书局1979年版，第56—57页。
③ 韦素园致胡适（1931年12月23日），中国社会科学院近代史研究所中华民国史组编：《胡适来往书信选》（中册），中华书局1979年版，第98页。

学教授、大学学生、官员、作家、编辑、教师和一般文学青年，体现了《新月》受众的精英化特点。他们或是各有所长的岗位知识分子，或是思想开放的青年学生，对《新月》月刊所传播的内容的精神价值、政治主张和文学原则有着自己的理解。正因为《新月》月刊的接受对象和影响群体是具有独立思想的知识分子，而不是革命宣传性刊物的工农大众，也不是消遣娱乐性刊物的一般市民，所以《新月》月刊对受众的传播不可能是单向灌输，也不可能是刻意逢迎，而是一种带有准双向传播性质的平等交流。

《新月》月刊转向政治后，刊发了一大批政论文章，也产生了一批对政治评论感兴趣的特殊读者，并因此一度使得月刊"销数稍增"①，形成《新月》受众群体的政治化特征。对胡适刊于《新月》上的文章的批评正好说明了这一点。胡适在第二卷第二期的《新月》上发表了《人权与约法》，之后又先后抛出《我们什么时候才可有宪法?》、《知难，行亦不易》、《新文化运动与国民党》等一系列批评政府和政治的论文。加之另一位喜欢谈政治的罗隆基的一唱一和，《新月》月刊的政治味道越来越浓，以致最后遭到党部的查禁。胡适曾因此事致信陈布雷辩白，并"托井羊先生带上《新月》二卷全部及三卷已出之三期各两份，一份赠与先生，一份乞先生转赠介石先生"，"甚盼先生们能腾出一部分时间，稍稍浏览这几期的言论"②。蒋介石和那些查禁《新月》的党部、警局人员以及发文警戒胡适的官员是否是《新月》的读者是不得而知，也不太重要了。关于这一场论争，胡适在自己的日记里收集了很多剪报，有各色人等对胡适政论文章的不同态度，如《争自由与胡适的胡说》③、《胡适所著〈人权与约法〉之荒谬》④、《赞美的圣经　拥

① 梁实秋:《〈新月〉月刊敬告读者》，《新月》第二卷第六、七期合刊，1929 年 9 月 10 日。
② 胡适致陈布雷 (1931 年 1 月 18 日，稿)，中国社会科学院近代史研究所中华民国史组编:《胡适来往书信选》 (中册)，中华书局 1979 年版，第 40—41 页。
③ 1929 年 6 月 6 日《白话三日刊》，见曹伯言整理《胡适日记全编》 (5)，安徽教育出版社 2001 年版，第 431—433 页。
④ 1929 年 8 月 9、10 两日《民国日报》，见曹伯言整理《胡适日记全编》 (5)，安徽教育出版社 2001 年版，第 478 页。

护胡适博士》①、《胡适之的反动与迷梦》② 等。这些文章不乏对胡适文章观点及其胡适本人的怀疑、批判甚至嘲讽，有的疑为受命当局而作，有的纯属一己的情绪宣泄，总之是一种抗拒性阅读。还有一些读者是本着理性分析和真诚探讨的态度进行批评的，如《我们需要一个什么样的宪法》③ 的署名作者我平，在肯定胡适的贡献的同时提出了自己对于宪法的理解，是一种建设性的交流。当然也有不少支持胡适文章观点的读者，如前述陶愚川透过自己所见之"事"，"益信先生之《人权与约法》之重要"④，"一个不相识的史济行""读了《人权与约法》后，觉得中国是很需要这样"⑤。与胡适"臭味相投"的新月同人也大多支持胡适的人权主张，他们成为《新月》月刊的接受性受众群体。

总之，《新月》月刊的受众群体中既有理所当然的新月同人读者，又有由销售渠道商业性关联着的纯粹读者，还有因为各种原因接触到《新月》的政治性读者。这三大群体也许不能囊括《新月》月刊的所有读者，况且有一些读者是交叉重合的，但这无疑是对《新月》受众的一种合理的归属性划分，由此也可以归纳出《新月》月刊的同人化、精英化和政治化传播特点。

---

① 曹伯言整理：《胡适日记全编》（5），安徽教育出版社2001年版，第484—486页。
② 同上书，第486—488页。
③ 原为黏附的剪报，有胡适旁注："北京《民言》报，十八，十，五。"见曹伯言整理《胡适日记全编》（5），安徽教育出版社2001年版，第545—550页。
④ 陶愚川致胡适（1930年5月13日），中国社会科学院近代史研究所中华民国史组编：《胡适来往书信选》（中册），中华书局1979年版，第14页。
⑤ 史济行致胡适（1929年8月30日），中国社会科学院近代史研究所中华民国史组编：《胡适来往书信选》（上册），中华书局1979年版，第540页。

第三章

《新月》月刊的媒介内容

　　《新月》月刊从 1928 年 3 月 10 日创刊至 1933 年 6 月 1 日出至第四卷第七期终刊，共出版《新月》43 期，刊发诗歌、散文、小说、戏剧、论文、书信及翻译等各类文章（含连载）超过 700 篇（首），在历时 5 年 3 个月的时间里，曾先后 5 次调整"编辑者"名单，并在不同的"编辑者"的主持下呈现出不同的关注重点和刊物风格。综合考察发表在《新月》月刊里的作品的体裁、题材、风格以及思想倾向，可以发现这一刊物基本的媒介内容及其前后变化的总体轮廓。

　　如前所述，《新月》月刊是以文学为初衷但最终走向了思想文化的一份同人刊物，它的脉络流程在其前后是可以找到预演和接替的。在《新月》月刊的编辑者和作者中，有诗人、剧作家、批评家、政论家，有报人、教授、学者、官员、学生，等等。历史地考察他们的创作实绩、思想变迁和媒介活动，可以发现两条较为明显的线索，并由此形成以徐志摩为主以《晨报·诗镌》、《晨报·剧刊》、《新月》、《诗刊》为线索的文学群体，和以胡适为主以《努力周报》、《新月》、《独立评论》为线索的思想文化群体。这两条大致平行发展的线索在《新月》月刊里实现了短暂的交汇和并不十分完美的结合，成就了《新月》月刊的多彩面貌和时代锋芒，同时也造成了《新月》月刊"各自为政"的散漫和由此导致的同人精神的疏离。徐志摩和胡适这两个重要的新月知识分子之于《新月》的关系正是形成《新月》月刊这种多元复合的刊物状况的重要因素。《新月》月刊不仅坚持脚踏实地的文学创作，还发起了一系列关于文学、翻译、人权等的论战，在理论论争、翻译实践以及文学创作实绩等方面体现出新月同人的个体表达和群体诉求。

第一节　批评论争

在现代文学史上，论争是一种常见且有效的观点表达方式。作为自由媒介，《新月》月刊更加看重观点和思想的自由表达。新月同人与其他阵营之间以《新月》为主要阵地的学术性论争，一是以梁实秋为代表的文学之争，二是以梁实秋、陈西滢、叶公超等为代表的翻译之争，而论争的另一方主要是鲁迅。

一　人性论与阶级论：文学之争

就文学而言，《新月》月刊可以说是创作与理论兼备。在理论批评方面，最引人瞩目的则是发生在 20 世纪二三十年代的一系列文学论争。论争的双方一方是被称为《新月》文学理论家和批评家的梁实秋，另一方则以鲁迅为主。

梁实秋比鲁迅小 22 岁，但他们之间的"忘年之战"直至 1936 年鲁迅逝世，前后相持了 8 年。在《新月》月刊创刊之前，鲁迅就曾在演讲和给朋友的信中对梁实秋关于北京文艺界的"分门别户"表示过不满；不仅如此，两人还就卢梭在"女子教育"方面的观点以及对卢梭的评价等问题展开过首度正面交锋。1928 年《新月》创刊之后，梁实秋以此为主要阵地，展开了与鲁迅之间的"持久战"。

梁实秋与鲁迅论争的中心在于对文学属性的理解。

"普遍人性论"是梁实秋秉持的文学理论的基石和批评的出发点。发表于《新月》创刊号的近万字的长文《文学的纪律》，延续了此前《现代中国文学之浪漫的趋势》中对浪漫主义"放纵情感"的批判，以"新古典"为标准和理论武器，提倡文学创作和批评的"纪律"，即文学态度的严重性（意谓严肃性，即避免一味"消遣"和"好奇"），"以理性驾驭情感，以理性节制想象"的"节制的力量"，以及"有纪律的形式"。在梁实秋看来，"文学的目的是在借宇宙自然人生之种种的现象来表示出普遍固定之人性"，"文学发于人性，基于人性，亦止于人性。人性是很复杂的，唯因其复杂，所以才是有条理可说，情感想象都要向理性低首。在理性指导下的人生是健康的常态的普遍的，在这种状态下所表现出来人性亦是最标准的；在这标准之下创造出来的文学才是有永久价值的文学"①。从人性论出发，梁实秋拒绝将阶级性作为衡量文学的标准。在他看来，"文学作品创造出来之后，既不属于某一阶级，亦不属于某一个人"；"就文学作品与读者的关系上言，我们看不见阶级的界限，至于文学作品之产生，更与阶级观念无关"；"文学是没有阶级性的"②。在《文学是有阶级性的吗?》一文中，梁实秋认为："人类的生活并不是到处都受经济的支配，资本家并不一定就是幸福的，无产者也常常自有他的乐趣"，"人生现象有许多方面都是超于阶级的"，"把文学的题材限于一个阶级的生活现象的范围之内，实在是把文学看得太肤浅太狭隘了"③。这可以算作梁实秋关于文学"超阶级性"观点的最直接的表述，也为他招致了最广泛、最持久的批评。

梁实秋对鲁迅的批判自然遭到了鲁迅的反击。针对梁实秋的发难，鲁迅在《萌芽月刊》第一卷第三期发表了《"硬译"与"文学的阶级性"》，对梁实秋的《论鲁迅先生的硬译》和《文学是有阶级性的吗?》两篇文章做了综合的回应。在文章中，鲁迅将"新月社"（指《新月》月刊同人，而不是成立于北京的新月社）看作一个"有组织"的团体，以特有的周氏讽刺笔调调侃式地批驳了梁实秋针对自己在翻译和文学的阶级性方面的观点，驳斥了梁实秋的"人性论"和"天才论"。而梁实秋则循着鲁迅的思路撰文《答鲁迅先生》，对鲁迅"态度不严正，内容不充实"的《"硬译"与"文学的阶级性"》提出了反批评。文章很明显地表达了对鲁迅"不屑看新月月刊"的傲慢和将"'新月社的人们'全扯进来"的不满；至于文学的阶级性问题，则以鲁迅"左右支撑"的阶级归属的模糊性为"证据"，说明"鲁迅先生向来做反面文章，东批评，西嘲笑。而他从来不明明白白的公布他自己的积极的主张和态

---

① 梁实秋：《文学的纪律》，《新月》创刊号，1928 年 3 月 10 日。
② 梁实秋：《文学与革命》，《新月》第一卷第四期，1928 年 6 月 10 日。
③ 梁实秋：《文学是有阶级性的吗?》，《新月》第二卷第六、七期合刊，1929 年 9 月 10 日。

度"①。

正是因为将人性论作为文学的普遍性质，梁实秋不承认阶级属性对文学的决定性意义，所以他与以阶级论作为文学划分和理论假设的普罗文学（无产阶级文学）及与之密切相关的革命文学之间自然存在认识上的歧见。这使得梁鲁（不仅仅是鲁迅）关于普罗文学及革命文学的争论成为人性论与阶级论之争的一个派生性论题浮现出来。

20世纪20年代，随着工农学力量的壮大，革命的呼声越来越大，利用文学作为宣传革命和鼓动革命力量的工具成为革命领导者乐于看见的事情。而在此时，对马克思主义阶级斗争学说的吸取和苏联革命文学理论的译介为革命文学批评家提供了理论来源，一部分"五四"作家的转向和一批新的关注革命的作家的出现则成为革命文学的创作队伍，后期创造社、太阳社逐渐成为标举革命文学旗帜的生力军。作为以承认既有秩序为前提的自由主义知识分子，梁实秋对革命和革命文学关系的理解与革命文学的倡导者自然不同，在他看来，"富有革命精神的文学，往往发现在实际的革命运动之前"；"并不能说，在革命的时期当中，一切的作家必须创作'革命的文学'"；"我们决不能强制没有革命经验的人写'革命的文学'"②。在这里，梁实秋并没有完全排斥和否定革命文学，只是强调革命文学与非革命文学的共存，反对文学的唯革命论，"真的革命家用文学的武器以为达到理想之一助，对于这种手段我们不但是应该不反对，并且我们还要承认"，"纯粹以文学为革命的工具""那便是小看了文学的价值"。③

与此相关，梁实秋从他的"人性论"和"天才论"出发，对无产阶级文学提出了不同的理解，他认为"无产阶级的文学"或"大多数的文学""是不能成立的名词，因为文学一概都是人性为本，绝无阶级的分别"④。梁实秋的这种论调得到了不少人的抨击，而且抨击的形式也渐渐开始脱离正常的学术论争和思想交流的轨道而出现人身攻击了。冯乃超在

① 梁实秋：《答鲁迅先生》，《新月》第二卷第九期，1929年11月10日。
② 梁实秋：《文学与革命》，《新月》第一卷第四期，1928年6月10日。
③ 同上。
④ 同上。

《阶级社会的艺术》中称梁实秋为"资本家的走狗",而叶灵凤则干脆写了一篇题为《梁实秋》(《现代小说》第三卷第三期)的小说来"揭露"梁实秋的所谓"丑态"。梁实秋在《新月》第二卷第九期一连发表了《无产阶级文学》、《"资本家的走狗"》、《答鲁迅先生》三篇文章进行辩解和反击,孰料得到的是鲁迅"封"给他的一个比冯乃超"资本家的走狗"更"恶毒"的称呼——"丧家的资本家的乏走狗"(见鲁迅《"丧家的""资本家的乏走狗"》),嘲讽"它""属于所有的资本家","遇见所有的阔人都驯良,遇见所有的穷人都狂吠"。① 对此,梁实秋则送给鲁迅一个稍显"文明"的称呼,在《鲁迅与牛》一文中,他借用鲁迅在《阿Q正传的成因》中自比为牛的比喻,戏称鲁迅是"一匹丧家的乏牛",谁给草吃就给谁做工。在梁实秋的眼中,"'资产阶级文学''无产阶级文学'都是实际革命家造出来的口号标语,文学并没有这种的区别,近年来所谓的无产阶级文学的运动,据我考查,在理论上尚不能成立,在实际上也并未成功"②。为了证实自己所说的普罗文学徒有口号少有"货色"的结论,在《"普罗文学"一斑》(《新月》第二卷第十一期)中,梁实秋专门列举了郭沫若、蒋光慈、刘一声三位诗人的三段"普罗诗歌",以证明普罗文学在艺术上的"贫乏"和"幼稚"。

革命是必须依靠大众的,在当时主要起宣传和鼓动作用的革命文学自然也离不开大众。"精英"和"天才"相对于"大众"属于"少数",所以革命文学的倡导者必然通过对无产阶级文学(普罗文学)的提倡来团结和迎合作为大多数的无产阶级,以利于革命。梁实秋则始终对"大多数"的文学品位持怀疑态度,这又引出了人性论与阶级论论争的又一子题——文学与大众的关系问题。在梁实秋看来,"鉴赏文学,不是象饮食男女等等根本的本能那样,不是人人都有的一种能力"③。只有经过专门训练的人或者"天才"(按:即对文学有天生的敏感的人)才能写作和欣赏文学。为此,梁实秋抛出了一系列论断:"大众是

---

① 鲁迅:《"丧家的""资本家的乏走狗"》,初载《萌芽月刊》第一卷第五期,1930年5月1日。见《鲁迅杂文全编》(三),人民文学出版社2006年版,第55页。

② 梁实秋:《文学是有阶级性的吗?》,《新月》第二卷第六、七期合刊,1929年9月10日。

③ 梁实秋:《文学与革命》,《新月》第一卷第四期,1928年6月10日。

没有文学的品位的，而比较有品位的是占少数。"① "大多数就没有文学，文学就不是大多数的。"② "文学所要求的只是真实，忠于人性。" "'真'的作品就是普遍的人性经过个人的渗滤后的产物。什么'个人的''少数的''大多数的'在文学上全然不成问题。"③ 尤其不能让梁实秋服膺的是关于文学的阶级划分，因而他一再主张"我们讨论文学与大众的关系的时候，应该把经济的阶级的观念抛开，然后才能得到一个正确的观察"④。梁实秋关于文学与大众的关系的论调或许带有精英主义的傲慢与偏见，但我们也应该看到，他并不是一味要将文学划为少数人的专利。他也承认："要这样的大众能赏识文艺，必须先要使大众的程度提高，然后能进入文学园地的人才会渐渐加多起来"⑤；"大多数的利益，固然应该尊重，少数人的利益，似乎也不必一律抹煞"⑥。作为对梁实秋观点的回应，鲁迅在《文艺的大众化》中认为文学不是只有少数优秀者才能鉴赏，而是只有少数的先天的低能者不能鉴赏，但同时也承认了鉴赏文学需要的主观条件和时代氛围。⑦

　　鲁梁之间的论争是《新月》文学论争的缩影。就论争中的梁实秋而言，《新月》月刊并不是其唯一的媒介阵地，尤其是 1932 年他到天津主编《益世报·文学周刊》后，成了名副其实的专栏作家，一些关于普罗文学、翻译问题等的文章都在此发表。梁实秋的理论基本建立在其人性论的基础之上。他在这些文学论争中几乎是"孤身奋战"，独自应付来自左翼阵营和鲁迅的进攻。正如他自己所说："我批评普罗文学运动，我也批评了鲁迅，这些文字发表在《新月》上，但是这只是我个人的意见，我并不代表《新月》。我是独力作战，《新月》的朋友并没有一个人挺身出来支持我，《新月》杂志上除了我写的文字之外没有一

---

① 梁实秋：《文学与大众》，《新月》第二卷第十二期，1930 年 2 月 10 日。
② 梁实秋：《文学与革命》，《新月》第一卷第四期，1928 年 6 月 10 日。
③ 同上。
④ 梁实秋：《文学与大众》，《新月》第二卷第十二期，1930 年 2 月 10 日。
⑤ 同上。
⑥ 梁实秋：《文学与大众》，《益世报·文学周刊》第 50 期，1933 年 11 月 11 日。
⑦ 鲁迅：《文艺的大众化》，初载《大众文艺》第二卷第三期，见《鲁迅杂文全编》
(六)，人民文学出版社 2006 年版，第 128—129 页。

篇文字接触到普罗文学。"① 但在梁实秋的"对手"的眼里，他却被视为《新月》月刊和鲁迅所谓的"新月社"（实指新月派）的文学理论和批评的"团体代表"。鲁迅与梁实秋在很多方面产生了观点冲突，在论争中他以驳论为主要的论证方法，虽然不时受到来自"左翼"的批判，但却不知不觉成了"左翼"文学阵营事实上的同路人甚至代表。其实梁实秋的人性论并没有形成完整的体系，鲁迅与"左翼"文学之间也保持着一定的距离。平心而论，鲁、梁之间的论争就其观点的外延而言，是有诸多交集存在的，彼此并非完全是水火不相容的尖锐对立，只是鲁、梁二人所取的是对同一事物的不同方向、不同维度的理解，其思维方式和结论自然就存在分歧。加上鲁迅一贯的否定性思维和独特的表达方式，梁实秋遗世独立的姿态和一以贯之的态度，两个坚持己见的人在那个纷扰的时代相遇，自然免不了笔战连连。梁实秋和鲁迅围绕文学批评的态度和方法、文人的道德与行为、小品文、第三种人、思想自由、翻译、普罗文学、文学与革命、文学与大众等问题不断"交火"，而无产阶级文学、革命文学和文学大众性问题则成为论战双方建立在文学的普遍人性与阶级性之上的核心论题和根本分歧，也是《新月》月刊在文学论争方面非常集中也非常重要的内容。

二　翻译之争

《新月》上的论争主题，除了与文学理论直接相关的之外，还有关于翻译和自由、人权两大问题的。自由、人权的论争后面将专门论述。这里着重考察梳理有关翻译问题的讨论。

早在 1928 年第一卷第十期的《新月》月刊上，梁实秋就发表了《翻译》一文，对懂英文的人因为"英文名著的文字难，或英语典故俗话""不直接译英文名著而要转译法俄文作品"的"转译"现象提出了批评，认为"转译究竟是不大好，尤其是转译富有文学意味的书"，况且懂俄文法文的人也不少，因而"实在也没有转译的必要"。② 此后的

---

① 梁实秋：《忆新月》，程新编《港台·国外谈中国现代文学作家》，四川文艺出版社1986 年版，第 170 页。

② 梁实秋：《翻译》，《新月》第一卷第十期，1928 年 12 月 10 日。

梁实秋又发表了《论鲁迅先生的"硬译"》，文章对鲁迅"近于死译"的"硬译"风格提出了质疑，以鲁迅翻译的《艺术论》和《文艺与批评》为例，批评了鲁迅翻译存在的"艰涩"的文字和"稀奇古怪的句法"以及由此导致读者"看不懂"的问题。① 正是这篇文章，正式拉开了梁实秋与鲁迅之间翻译之争的序幕。此后直至鲁迅逝世，双方在文章中但凡涉及翻译问题，都会以各种方式"讨伐"对方。鲁迅时刻不忘嘲讽梁实秋，梁实秋则不厌其烦地将鲁迅翻译中的"硬伤"拿出来"示众"。在《"硬译"与"文学的阶级性"》中，为了报梁实秋摘录鲁迅翻译的作品作为批判"硬译"的例子之"仇"，鲁迅"以牙还牙"从凌叔华发表在《新月》的小说《搬家》中摘录了几段对话，以此嘲讽"新月社们"之一的凌叔华的创作是一种"不创作"，并同时给予徐志摩、沈从文、陈源等《新月》月刊的重要作者顺带一击。② 梁实秋则在《答鲁迅先生》一文中，对鲁迅所谓"中国文本来的缺点"造成翻译的"晦涩""难解"之说不以为然，③ 并在此后的文章中跟踪式地指陈鲁迅翻译的难懂甚至错误。在《论翻译的一封信》中，梁实秋摘录了鲁迅所译的"蒲力汗诺夫著艺术论"中引自达尔文《人类的起源》中的两段话，文中附有英文原文、鲁迅据俄文所译的译文和梁实秋据英文所译的译文，大有铁证如山的架势。④ 在此前后，鲁迅先后发表了《几条"顺"的翻译》、《风马牛》、《再来一条"顺"的翻译》、《关于翻译的通信》、《论重译》、《再论重译》、《非有复译不可》等大量文章来讨论翻译问题，除了与"师祖梁实秋""徒弟赵景深""徒孙杨晋豪"这"三代"就翻译中的"信"和"顺"的关系展开论争外，还与穆木天就重译（间接翻译）、复译等问题进行了真诚的探讨，致使鲁迅在翻译的问题上超越了单一的调侃嘲讽，而多了一些建设性的意见。

　　事实上，在《新月》月刊就翻译问题发表看法的并非梁实秋一人。

---

　　① 梁实秋：《论鲁迅先生的"硬译"》，《新月》第二卷第六、七期合刊，1929 年 9 月 10 日。

　　② 鲁迅：《"硬译"与"文学的阶级性"》，初载《萌芽月刊》第一卷第三期，见《鲁迅杂文全编》（三），人民文学出版社 2006 年版，第 1—19 页。

　　③ 梁实秋：《答鲁迅先生》，《新月》第二卷第九期，1929 年 11 月 10 日。

　　④ 梁实秋：《论翻译的一封信》，《新月》第四卷第五期，1932 年 11 月 1 日。

单纯从对翻译问题的评价而不是具体操作来说，最有见地的是陈西滢。他在《新月》第二卷第四期发表了一篇《论翻译》的长文，抛弃了当时文章中习惯采用的"直译""意译""曲译""硬译""误译""死译"等一套语汇，而用"形似""意似""神似"来概括翻译的三种境界。陈西滢对严复关于翻译的"信、达、雅"的标准和原则提出了质疑。他认为："在非文学的翻译，只要能信能达便尽了译书者的能事"，雅"根本就用不着"；"在翻译文学书时，雅字或其他相类的字，不但是多余，而且是译者的大忌"；"达字也并不是必要的条件"，"译文学作品只有一个条件，那便是要信"。在陈西滢看来，成功的直译"把原文所有的意思都转译过来，一分不加，一毫不减"，这就是"传形"的译文即"形似的翻译"；但这种翻译忽略了原文的风格，太注重形式，"意似的翻译，便是要超过形似的直译，而是把轻灵的归还它的轻灵，活泼的归还它的活泼，滑稽的还它的滑稽，伟大的还它的伟大"；"意似的翻译"还是"不能得到原作的神韵"，而最高境界的"神似的翻译"则要求翻译者具有作者原来的情感，需要译者与原文化而为一。①应该说，这些观点对一个翻译者而言，宏观上的指导意义是不容忽视的。

除了陈西滢，叶公超也是《新月》月刊关于翻译问题的讨论者。他的《论翻译与文字的改造——答梁实秋论翻译的一封信》最具学术味道和理论深度。在这篇文章中，叶公超认为从"问题的起源"来看，翻译的首要问题不在于怎么译，"乃在有什么要译的"。在此基础之上，翻译者应该分析"我们的文字，与原文的文字相形之下，发生了哪些缺点"，以及如何应付。当时有人提出以翻译作为改造中国文字的手段，对此叶公超却认为"世界各国的语言文字，没有任何一种能单独的代表整个人类的思想的。任何一种文字比之它种都有缺点，也都有优点"，因而中国文字并不是非改造不可。尤为可贵的是，叶公超从中国文字的特点出发，以大量实例分析了翻译中可能遇到的单字、熟语和语气（语吻）等方面的问题和解决方法，无疑对翻译的实践操作具有重要的借鉴

---

① 陈西滢：《论翻译》，《新月》第二卷第四期，1929 年 6 月 10 日。

意义。①

就《新月》月刊关于翻译问题的争论而言，梁实秋与鲁迅仍然延续着他们一贯的论战方式和论辩激情：梁实秋总是不厌其烦地追踪鲁迅的翻译活动，并毫不客气地指出鲁迅翻译中的瑕疵和问题，且对鲁迅"硬译"的风格和"转译"的做法表示不满；而鲁迅对梁实秋的批驳多为就地取材和原地反击，少有耐心分析和观点建树，因而我们很难从他的杂文文体的批评和辩论文章中总结出成体系的观点，而收获最多的是一种"报复"的惬意和讽刺的快感。与梁、鲁的论争对峙不同，陈西滢对翻译提出了独特的理解，叶公超对中国文字与翻译有着深刻的理论见解和实际的专业指导。情绪化的论争也好，专业性的探究也罢，都是《新月》月刊对翻译问题所做的贡献。

第二节　政论与时论

新月同人是一个相对松散的群体，其大的同人方向之下又有热衷文学和热衷文化（政治）的次同人群体，所以，当梁实秋进入编辑者队伍并成为主要编辑者之后，原本致力于文学的《新月》月刊从第二卷第六、七期开始大谈政治，将人权、民主、自由、法治等理念作为"主攻方向"，一时间发起了另一场声势浩大的"论争"。

一　主张人权呼唤自由

《新月》月刊在思想文化方面最大的贡献，莫过于在争取人权方面所做的不懈努力。

《新月》月刊在第二卷第二期对"编辑者"做了调整，原有的徐志摩、闻一多、饶孟侃三人中，闻一多退出了编辑队伍，徐志摩排在了最后，增加了梁实秋、潘光旦和叶公超。在由五人组成的编辑者队伍中，"好议论"的梁实秋排在了第一，成为《新月》月刊的主要编辑者。这一人事变化对《新月》月刊的办刊方针和媒介内容的影响是明显的。

---

① 叶公超：《论翻译与文字的改造——答梁实秋论翻译的一封信》，《新月》第四卷第六期，1933 年 3 月 1 日。

梁实秋刚一上任就表现出对政治内容和论战风格的极大兴趣，他在第二卷第六、七期的《〈新月〉月刊敬告读者》中明确释放了要开始"谈政治"的信号，一场轰轰烈烈的"人权大战"在胡适的发动下拉开了帷幕。

在《新月》第二卷第一期，也就是梁实秋参与编辑的第一期，刊发了胡适的长文《人权与约法》，"人权运动"由此开始。

胡适的宏论是由 1929 年 4 月 20 日国民政府所下的一道保障人权的命令生发出来的。命令是这样的：

> 世界各国人权均受法律之保障。当此训政开始，法治基础极宜确立。凡在中华民国法权管辖之内，无论个人或团体均不得以非法行为侵害他人身体，自由，及财产。违者即依法严刑惩办不贷。着行政司法各院通饬一体遵照。此令。①

胡适对这条命令提出了三点"失望"：一是没有对免受侵害的"自由"和"财产"的具体事项做出详细规定；二是只对"个人或团体"而没有对政府机关侵犯人权的行为提出禁止；三是对违者无"依法严行惩办"之法可"依"。不仅如此，胡适还随手列举了上海陈德徵提出《严厉处置反革命分子案》、安徽大学校长因语言上顶撞了蒋主席遂被拘禁、唐山一商号经理杨润普被驻军拘去拷打监禁的例子，以此证明国民政府自身的执法混乱和"命令"在建立法治、保障人权方面的无能。②

在胡适看来，依当时的制度设计和法制现实，人民的权利、尊严和利益可以而且已经被党部和政府机关肆意践踏；人民的人身财产安全和思想言论自由之所以得不到保障，是因为没有一部根本大法来约束政府的行为。胡适说："在今日如果真要保障人权，如果真要确立法治基础，第一件应该制定一个中华民国的宪法。至少，至少，也应该制定所谓训政时期的约法。"用这个约法来"规定政府的权限"，"规定人民的'身

---

① 曹伯言整理：《胡适日记全编》（5），安徽教育出版社 2001 年版，第 396 页。
② 胡适：《人权与约法》，《新月》第二卷第二期，1929 年 4 月 10 日。

体，自由，及财产＇的保障"①。这是争人权者对当局的劝诫，也是国民党政府自身应有的议程。按照"先总理"孙中山最初的革命设想，民主革命和建设分为军政、训政和宪政三个时期。训政时期作为政府训导人民逐步实现地方自治的"过渡时期"，应该颁布约法。革命政府必须也只能在约法规定的范围内行使训政之权。如此，则国民政府在结束了军阀混战，武装统一中国后就应该制定约法开始训政。但蒋介石政府却迟迟不制定约法，并打算延长训政时间，这引起很多人尤其是知识分子的不满。胡适在《人权与约法》的最后，以"口号"式的呐喊来催促国民政府："快快制定约法以确定法治基础！""快快制定约法以保障人权！"② 表现出对约法制定紧迫性和人权保障必要性的热切关注。

《人权与约法》发表之后，各方反应强烈。不少读者致信《新月》月刊以表达疑问并参与讨论。第二卷第四期的《新月》发表了题为《"人权与约法"的讨论》的通信，专门刊载了张羽军、诸青来两封读者来信以及胡适的答复，对孙中山是否主张以及何时颁布约法或宪法的问题展开了讨论。③ 或许是由于这个机缘，胡适接下来的几篇文章转向了对孙中山的批评。而梁实秋、罗隆基也先后加入了这场论战。

罗隆基的《论人权》是这一论战中的又一大"战果"。在这篇宣言式的文章中，罗隆基为人权下了一个通俗易懂的定义。他这样阐述人权的意义：

> 人权是做人的那些必须的条件。人权是衣，食，住的权利，是身体安全的保障，是个人"成我至善之我"，享受个人生命上的幸福，因而达到人群完成人群可能的至善，达到最大多数享受最大幸福的目的上的必须的条件。④

从这种意义出发，罗隆基进一步阐述了人权与国家的关系。他认

---

① 胡适：《人权与约法》，《新月》第二卷第二期，1929 年 4 月 10 日。

② 同上。

③ 张羽军、诸青来：《"人权与约法"的讨论》，《新月》第二卷第四期，1929 年 6 月 10 日。

④ 罗隆基：《论人权》，《新月》第二卷第五期，1929 年 7 月 10 日。

为，"国家的功用，就在保障人权。就在保障国民做人上那些必要的条件。它对人民的威权，是有限制的，不是绝对的"。当国家不能保障国民的人权时，它的威权就可以受到国民的质疑和反抗。就人权与法律的关系而言，"法律保障人权人权产生法律"。从法律的来源上讲，法律为人权产生。从法律的功用来讲，法律为保障人权产生。"人权是先法律而存在的。""法律上有人权，人权不一定尽在法律。""从法律上我最多可以知道我现在有些什么权利，找不到我应有什么权利。"所以，争人权的人，主张法治，争法治的人，先争宪法，这是一个基本逻辑。① 不仅如此，罗隆基还为国民草拟了三十五条"目前状况下必争的人权"，搭建了一个国家、法律、政府、官吏、财政、军队、教育等方面人权保障的基本框架，理论上回答了"我们要的人权是什么？"这个实在而又迫切需要解决的问题。②

罗隆基作为一个政治学学者，既有学者的理论素养和深刻见地，又有政治家的辩论技巧和斗争激情。1930年11月4日的那一次5个小时的突遭拘捕并没有让罗隆基退缩，相反成了一种反向推动力，使得这个人权和自由斗士越挫越勇。为了记述这一事件的经过，他写了《我的被捕的经过与反感》。文章直斥国民党"党权高于国，党员高于法"的党治制度，揭露了党员未经法律授权便可随意侵犯公民合法人权的荒唐现象，③ 几小时的拘捕，使他更知道了"人权没有保障的危险"，转而更加坚定不移地提倡人权。当劳动大学院长在《时事新报》发表《约法协议》，声称自19世纪以来，天赋人权学说已遭到普遍反对，各国宪法均已不用"人权"字样时，罗隆基撰文《人权不能留在约法里？》对这种论调表示了强烈反对。文章强调了"要做民，更要做人；要民权，更要人权"的鲜明态度。同时指出，"人权"不等于"天赋人权"，"天赋人权"学说可能过时了，但人民对"人权"的争取却是永远不会过时的。④ 为了消除外界对自己主张的人权内涵的误解，罗隆基接连发表了

---

① 罗隆基：《论人权》，《新月》第二卷第五期，1929年7月10日。
② 同上。
③ 罗隆基：《我的被捕的经过与反感》，《新月》第三卷第三期。
④ 罗隆基：《人权不能留在约法里？》，《新月》第三卷第七期。

《我们不主张天赋人权》①《"人权"释疑》② 两文，申辩"从来没有主张过天赋人权说"，重申自己及《新月》月刊的人权观，进一步阐述了关于人权的理解和建设性意见。

《新月》在全面主张保障人权的同时，也积极呼唤着自由。尤其是思想和言论自由，不仅被视为生命般宝贵，而且被认为是人类的一种再自然不过的合理需求。罗隆基曾说："是一个人，就有思想。有思想就要表达他的思想。要表达他的思想，他非要说话不可。"③ 所以，思想自由、言论自由、创作自由等自由权利不仅是表达的需要，也是人权的范畴。

在这方面发言最多的要数梁实秋，他在"人权论战"中几乎都是从思想言论自由的角度发论的，而且早在论战开始之前就在《新月》月刊的"零星"栏目发表了《罗素论思想自由》的文章，表现出对思想自由问题的敏感和兴趣。④ 论战开始后，梁实秋抛出了他那篇立论高远且气势逼人的《论思想统一》。文章从哲学的高度分析人的思想是独立的，因而"没有两个人的思想是相同的"，"思想只对真理负责"，而"天下就没有固定的绝对的真理"，所以军队应该统一，政府应该统一，财政应该统一，而"人的思想是不能统一的，也是不必统一的"。企图统一思想的人往往用教育来灌输，借宣传来支配，利用政治或经济的力量排除异己，但都不能造成真正的思想统一，其结果要么导致真正有思想的人沉默或反抗，要么使得受过教育却没有勇气的人变成口是心非的投机分子，要么造就大量只知道盲从的根本没有思想的人，这对国家和社会都是有害无益的。⑤ 所以，梁实秋提出："我们现在的要求是：容忍！我们要思想自由，发表思想的自由，我们要法律给我们自由的保障。"⑥ 并旗帜鲜明地高呼：

---

① 罗隆基：《我们不主张天赋人权》，《新月》第三卷第八期。
② 罗隆基：《"人权"释疑》，《新月》第三卷第十期。
③ 罗隆基：《论人权》，《新月》第二卷第五期，1929 年 7 月 10 日。
④ 梁实秋：《罗素论思想自由》，《新月》第一卷第十一期，1929 年 1 月 10 日。
⑤ 梁实秋：《论思想统一》，《新月》第二卷第三期，1929 年 5 月 10 日。
⑥ 同上。

我们反对思想统一！

我们要求思想自由！

我们主张自由教育！①

如此高调的观点表露和呼告的行文方式竟然出自一向主张"纪律"和"稳健"的梁实秋之手，足见其对思想言论自由看得多么重要！此后，在梁实秋单独一人负责编辑的第一期《新月》即第二卷第六、七期合刊上，同时刊发了胡适的《新文化运动与国民党》和罗隆基的《告压迫言论自由者》两篇长文，使得《新月》在对思想言论自由的呼唤方面一时达到了顶峰。

国民党中央宣传部部长叶楚伧当时在一篇文章中鼓吹"中国本来是一个由美德筑成的黄金世界"，这种具有复古倾向的论调自然引起了胡适的"感触"，于是胡适写了《新文化运动与国民党》予以驳斥。文章列举了国民党当政以来"实施的事实"，即政府法令公文所使用的语言不是国语白话而是古文，政府对思想言论自由实施压制，政府对文化问题本身的态度倾向复古主义。由此得出结论："从新文化运动的立场看来，国民党是反动的。"并从"历史的背景和理论的根源"入手，剖析了国民党对新旧文化态度上采取的"极端的民族主义"立场。在做了集中的分析和批判之后，最后理直气壮地为国民党列举了"应该做到"的"几件事"：

（1）废止一切"鬼话文"的公文法令，改用国语。

（2）通令全国日报，新闻论说一律改用白话。

（3）废止一切钳制思想言论自由的命令，制度，机关。

（4）取消统一思想与党化教育的迷梦。

（5）至少至少，学学专制帝王，时时下个求直言的诏令！②

胡适发表《知难，行亦不易》、《人权与约法》等文章后，被冠以

---

① 梁实秋：《论思想统一》，《新月》第二卷第三期，1929 年 5 月 10 日。

② 胡适：《新文化运动与国民党》，《新月》第二卷第六、七期合刊，1929 年 9 月 10 日。

"侮辱总理"的罪名由教育部向胡适加以惩戒，同时，党的中央执委通令全国，要求全国各级教员平均每日必须花半小时以上"研究党义"。罗隆基的《告压迫言论自由者——研究党义的心得》即是对"研究党义条例"的"第二条第一期"，即《孙文学说》、《三民主义》的"研究"。文章对国民党"利用政治势力，压迫言论自由"的做法极为不满，开篇便以"孙中山先生是拥护言论自由的"来寻求政治立场上的自我庇护。罗隆基认为："言论的本身，绝对不受何种干涉"，"只能迫言论者负言论的责任"。"言论自由，是有什么言，出什么言，有什么论，发什么论。无事不可言，无事不可论。"① 罗隆基在《汪精卫论思想统一》中，批驳了汪精卫所主张的不关于政治的思想应该有绝对的自由，关于政治的思想只能有相对的自由这一论调，所取的仍然是言论自由的绝对论观点。② 在罗隆基眼里，"'法律以外无自由'，是句欺人的话"，他以古今中外压迫言论自由悉数失败并造成恶劣影响的例子，证明了"天下事没有绝对的自由，就成为绝对的不自由"，因为"绝对的言论自由，固然是危险，实际上压迫言论自由的危险，比言论自由的危险更危险"③。

经历了这个顶峰之后，《新月》月刊对思想言论自由的争取并没有停止。梁实秋先后发表了《孙中山先生论自由》、《思想自由》等文章。在《思想自由》中，梁实秋十分推崇美国就一个问题公开辩论的公开讨论会，因为这一方式能让各种主义的信仰者都有充分的出版言论自由。他相信只有这样，人民才有求知识的机会和选择的余地，才会有自由的思想。④ 同时他认为，对于文艺这种特殊的精神表达方式，不能"以政治的手段来剥削作者的思想自由"，更不能"以政治的手段来求文艺的清一色"。⑤

---

① 罗隆基：《告压迫言论自由者——研究党义的心得》，《新月》第二卷第六、七期合刊，1929 年 9 月 10 日。

② 罗隆基：《汪精卫论思想统一》，《新月》第二卷第十二期，1930 年 2 月 10 日。

③ 罗隆基：《告压迫言论自由者——研究党义的心得》，《新月》第二卷第六、七期合刊，1929 年 9 月 10 日。

④ 梁实秋：《思想自由》，《新月》第二卷第十一期，1930 年 1 月 10 日。

⑤ 梁实秋：《所谓"文艺政策"者》，《新月》第三卷第三期。

《新月》月刊从倡导人权出发，呼唤人民的思想言论自由权利，即使受到挫折也义无反顾。在人权没有保障和思想言论自由受到压制的环境里，这种姿态和努力难能可贵，也因而更有历史价值和现实意义。

二 争取法治提倡民主

《新月》政论文章的另一个核心诉求便是对民主法治的争取。

宪法作为对一个国家的主权和政权合法性的根本规定，是现代民主政治框架的必备内容和基本建制。制定宪法实行宪政是一个现代民主法治国家的基础。对此，熟悉西方政治制度和政治生活方式的胡适、罗隆基等新月同人当然再清楚不过了。胡适在《人权与约法》一文中站在人权的高度强调："在今日如果真要保障人权，如果真要确立法治基础，第一件应该制定一个中华民国的宪法。至少，至少，也应该制定所谓训政时期的约法。"用这个约法来"规定政府的权限"，"规定人民的'身体，自由，及财产'的保障"。[1] 胡适对宪法问题有系统论述的，是《我们什么时候才可有宪法？》。这是胡适继《人权与约法》后抛出的又一个"重磅炸弹"。文章对孙中山先生在《建国大纲》里"完全取消他以前所主张的'约法之治'"进行了分析和批评。胡适认为："中山先生对于一般民众参政的能力，很有点怀疑"，"他根本不信任中国人民参政的能力。所以他要一个训政时期来培养人民的自治能力"，这种不信任导致在他的"《建国大纲》里，不但训政时期没有约法，直到宪政开始时期也还没有宪法"[2]。在胡适看来，这正是孙中山先生所犯的一个"根本大错"，即"误认宪法不能与训政同时并立"。人民的民主素养不是天生的，而是培养教育出来的，"民治制度的本身便是一种教育"，"宪法之下正可以做训导人民的工作；而没有宪法或约法，则训导只是专制，决不能训导人民走上民主的路"，因为"人民固然需要训练，政府也需要训练"，而"只有实行宪政的政府才配训政"，才有训练人民的资格和能力。[3]

---

① 胡适：《人权与约法》，《新月》第二卷第二期，1929 年 4 月 10 日。
② 胡适：《我们什么时候才可有宪法？》，《新月》第二卷第四期，1929 年 6 月 10 日。
③ 同上。

　　同样关注宪法（约法）问题的还有罗隆基。在《论人权》中，罗隆基与胡适一样，将争取制宪当作保障人权的基本和前提。他认为"争人权的人，主张法治，争法治的人，先争宪法"①。当国民政府制定了训政时期的约法后，罗隆基又发表了《对训政时期约法的批评》，提出对"政府所提出，国民会议所通过的约法""绝对不满意"。② 归纳而言，罗隆基的批评集中在以下几点：第一，约法规定"主权在民"却又同时规定由国民党全国代表大会代表国民大会行使统治权，由国民政府训导选举罢免创制复决之权，罗隆基认为这是一种母亲保管孩子的私房钱的把戏，具有欺骗性和虚假性，因为"主权是不能委托给人的"，"主权失了，政治上主仆的位置就颠倒了。国民失却主权，国民就失却法律上国民的地位，民主的真义就根本丧失"；第二，约法对人民的权利和义务的规定不对等，义务多权利少；第三，约法规定言论、出版、集会、结社的自由可以"依法律得停止或限制之"，这是一种"左手与之，右手取之"的"戏法"，是"脚快手灵的幻术"；第四，约法规定的政府的组织及其职权范围，具体工作过于详细而不利于因地制宜，政府组织过于简略而容易导致朝令夕改；第五，约法规定的治权名为五权分立，实则是"国民政府委员会掌握一切的治权"，这样，国民政府主席便成了法律，权力制衡的设计形同虚设。③ 对照国民政府的约法条款和建立真正民主宪政国家的要求，罗隆基的这些批评是不无道理的。它代表的是一个政治学者的良知与正义。

　　在宪法的框架下还政于民，以法治代替党治，是《新月》同人追求的民主法治目标的重要步骤。在这方面用力最勤的是罗隆基。他在《新月》月刊先后发表《美国未行考试制度以前之吏治》、《美国的吏治法与吏治院》、《美国官吏的分级》、《美国官吏的考试》、《现代国家的文官制度》等文章，详细介绍美国政治制度的方方面面，试图通过横向移植以达借鉴之效。这其中很多文章都是在"人权论战"开始之前发表的。论战伊始，罗隆基就发表了《专家政治》，猛烈批判毫无游戏规则

① 罗隆基：《论人权》，《新月》第二卷第五期，1929 年 7 月 10 日。
② 罗隆基：《对训政时期约法的批评》，《新月》第三卷第八期。
③ 同上。

的武人分赃政治，主张实行专家政治。① 自此以后，以《新月》月刊为阵地，罗隆基对现实政治的批评和建设呼声一浪高过一浪。第二卷第八期的《我对党务的"尽情批评"》中，罗隆基对国民党实行的"党治"进行了体无完肤的揭露。他旗帜鲜明地指出，所谓"党治"并不是国民党实行的"党权高于一切""党外无党"的"一党独裁"，因为一党独裁不能与民主政治相容并立，不能与民权学说同时并进；所谓"以党治国"也不是党员享有特权的"党员治国"，"党人先用，非党人先去"的用人政策是吏治和文官制度的反动。② 在第二卷第十二期的《我们要什么样的政治制度》中，罗隆基重申了以前的观点，坚持反对国民党的"党在国上"的政治框架设计，主张召集国民大会，制定宪法，建设"委托治权"与专家行政的政府。③《我们要财政管理权》主张实行国家预算制，由国民直接或间接批准政府每年的收入和支出，不经人民同意，政府不得强行征税、发行国债以增加收入，也不得任意分配和开支国家收入，并将此视为法律应该赋予人民的基本权利。④ 尤其是在1930年，新月书店北平分店被查封，店员被捕，《新月》月刊被没收之后，罗隆基随即发表了《什么是法治》一文，直指政府及其执行者此举的越权和违法，没有保障国民的言论财产权和言论自由权利。因为搜查、拘捕和没收财产都没有得到法律许可，"反动"的罪名更没有得到法律的裁定。什么是法治？"法治的真义，是政府守法，是政府的一举一动，以法为准"，"法治的重要原则，是法律站在最高的地位。政府的官员和普通的人民都站在平等守法的地位"，"法治是要执政者有守法的精神，法治是要执法者对犯法者，有依法办理的步骤"。⑤ 罗隆基以一个政治学者的身份向一个权力没有约束的政府"叫板"，效果和结果当然可想而知，但他对法治执着关注的热情、深刻批判的理性和分析建设的高度，都远远超越了事件和文章本身。

　　除了胡适、罗隆基和梁实秋，王造时也是《新月》月刊政论文章的

① 罗隆基：《专家政治》，《新月》第二卷第二期，1929年4月10日。
② 罗隆基：《我对党务的"尽情批评"》，《新月》第二卷第八期，1929年10月10日。
③ 罗隆基：《我们要什么样的政治制度》，《新月》第二卷第十二期，1930年2月10日。
④ 罗隆基：《我们要财政管理权》，《新月》第三卷第二期，1930年4月10日。
⑤ 罗隆基：《什么是法治》，《新月》第三卷第十一期。

重要作者。1931年1月到8月的大半年时间里，他向《新月》贡献了8篇文章，《新月》第三卷第四期到第四卷第二期几乎每期都有（第三卷第七期和第四卷第一期无）他的文章。他的很多文章在抨击专制、倡导民主和争取人权方面贡献不小，特别是《由"真命天子"到"流氓皇帝"》，蔑视的锋芒直指蒋介石，成了《新月》批判的巅峰，也差点断送了这个刊物的"性命"。

《新月》月刊自从第二卷第二期梁实秋上任宣布"我们的编辑方针要略微有一点改变"①后，锋芒直露的政论文章接连登场。这些原本作为平社讨论成果，准备发表在创办未果的《平论》上的"几句平正的话"②，逐渐成为《新月》的资本和品牌。当"志摩、洵美等为维持《月刊》营业计，主张《新月》今后不谈政治"时，热衷于政论的罗隆基觉得"不以为然"，并且说："《新月》的立场，在争言论思想的自由。为营业而取消立场，实不应该。相当的顾到营业则可，放弃一切主张，来做书店生意，想非《新月》本来的目的。"③由此可见，在主张"谈政治"的同人眼中，《新月》月刊是一个重要的言论机关和自由媒介。借助它，可以主张人权，呼唤自由，争取法治，提倡民主。这些都是相互关联的自由主义核心价值，也都属于宽泛意义上的人权范畴。人的自由发展是人权的重要内容，民主和法治是保障人权的必要途径。正是因为如此，胡适将这些论题的精华文章挑选出来辑为《人权论集》一书由新月书店于1930年出版。胡适作序时，引周栎园《书影》中鹦鹉濡羽救陀山之火的故事自比，"今天正是大火的时候"，"我们明知小小的翅膀上滴下的水点未必能救火，我们不过尽我们的一点微弱的力量，减少良心上的一点谴责而已"。④虽然字里行间透出一丝无奈，但更有知其不可为而为之的悲壮与执着。

---

① 梁实秋：《〈新月〉月刊敬告读者》，《新月》第二卷第六、七期合刊，1929年9月10日。

② 《〈新月〉编辑后言》，《新月》第二卷第一期，1929年3月10日。

③ 罗隆基致胡适（1931年8月6日），中国社会科学院近代史研究所中华民国史组编：《胡适来往书信选》（中册），中华书局1979年版，第76页。

④ 胡适：《〈人权论集〉序》，欧阳哲生编《胡适文集》（5），北京大学出版社1998年版，第523页。

第三节 《新月》文学

《新月》月刊虽然在批评政府和争取个人权利方面做出了不小贡献，也赚得了不少喝彩之声，但总体上还是一个以文学性为主的综合性期刊。故而在文学创作方面收获颇丰，诗歌、小说、散文和戏剧等各种体裁都取得了不小的成就。

在《新月》的文学世界里，诗歌是《新月》文学的重镇，占有非常重要的位置。《新月》同人和编辑者中有很多都是著名的诗人，《新月》所设的"诗"栏目也几乎是自始至终的。《新月》的诗歌作者中，有一部分是从《晨报·诗镌》走出来的，代表人物有徐志摩、饶梦侃和闻一多。他们也是《新月》月刊中的文学坚守者。尤其是徐志摩，当《新月》月刊由梁实秋负责编辑并开始大谈政治后，徐志摩难以抑制心中的失望与不满。他在 1929 年 7 月 21 日致李祁的信中说："我颇想另组几个朋友出一纯文艺月刊，因'新月'诸公皆热心政治，似不屑治文艺，我亦不便强作主张也。"① 果然，1931 年 1 月 20 日，徐志摩、陈梦家等编辑的《诗刊》（季刊）在上海出版了。不过只出了 4 期就于 1932 年 7 月 30 日终刊了。可以说，《新月》月刊对新月诗歌的贡献并不亚于专门的诗歌刊物《诗刊》，它不仅促使《诗镌》时期的诗人们走向成熟，而且培养出陈梦家和方玮德这两个新月诗派的后起之秀，容纳了曹葆华、卞之琳、臧克家、邵洵美、刘宇、李惟建、梁镇、程鼎鑫、李广田、沈祖牟、孙大雨、孙毓棠、孙洵侯、胡不归、闻家驷、林徽因、沈从文、储安平等近 40 人的诗人队伍。

小说是《新月》文学除了诗歌之外的又一丰收成果。据粗略统计，《新月》月刊的小说作者约有 24 人，刊发的小说近 60 篇。这些作者有文学研究会的作家如周作人、俞平伯、谢冰心、王鲁彦等，有知名作家如巴金、废名、陈西滢等，有文学新人如高植、谢冰季等，有新月诗人如徐志摩、林徽因、陈梦家等。他们有的是文学社团流派间的友好"客

---

① 虞坤林编：《志摩的信》，学林出版社 2004 年版，第 205 页。

串"，有的是"内部人士"的跨文体尝试，有的只是为了借助刊物发表作品，而沈从文和凌叔华则是最能代表《新月》月刊小说创作实绩和高度的两位重要小说家。

新月同人的散文成就是巨大的。徐志摩"跑野马"式的野性的力量、自由的风度加上其铺排的阵容和华丽的藻饰，使得他的散文成就在新月同人看来超过了诗歌；① 梁实秋小品文的精致闲适和批评文字的睿智公允大大增加了他在新月散文作家中的分量。《新月》月刊上的散文，如果从宽泛的概念来理解，有抒情散文，有叙事散文，有游记，有传记，有书信，有日记，还有杂感式的批评文章，甚至连书评和研究论文也可以包含在内，有着多样的形式、驳杂的内容和众多的作者。但如果用狭义的散文即美文的观念来看，《新月》月刊上的散文并未达到一个可观的数量，徐志摩在和储安平的谈话中所说的"在相识的一淘里，很少人写散文"②，指的就是写美文的人并不多的状况。事实上，新月同人中的散文大家在《新月》月刊发表的文学性散文并不多。在《新月》时期，徐志摩的散文创作高峰已过，他在《新月》月刊发表的是演讲稿（《关于女子——苏州女中讲稿》）、传记（《自传小记》）、序文（《醒世姻缘序》）以及介绍外国诗人的文章（如《汤麦士哈代》、《一个行乞的诗人》、《波特莱的散文诗》等），虽然也不乏如《一个行乞的诗人》这般紧凑而又妙趣横生之作，但并未形成总体优势。梁实秋小品文创作丰收时期尚在此之后，他在《新月》月刊上发表的，除了《纽约的旧书铺》、《文人有行》等极少的可称之为纯正的散文之外，几乎全是针对性极强的理论和批评之作。其他如叶公超发表的多为书评，散文高手方令孺仅有一篇《志摩是人人的朋友》，西滢的"闲话"也已经说完，贡献给《新月》月刊的也只是"西京通信"的几篇介绍异域文化的短文。这样的描述和结论并不是否定《新月》月刊的散文成就。可以说，《新月》月刊上的纯文学散文并不以量胜，但有着不俗的业

---

① 叶公超："我总觉得志摩的散文是在他诗之上"，见叶公超《志摩的风趣》，《大公报·文学副刊》第 202 期，1931 年 11 月 30 日；梁实秋："我和叶公超一样，以为志摩的散文在他的诗以上。"见梁实秋《谈徐志摩的散文》，《新月》第四卷第一期；储安平："在他自己的功绩上，散文的成就比诗要大。"见储安平《悼志摩先生》，《新月》第四卷第一期。

② 储安平：《悼志摩先生》，《新月》第四卷第一期。

绩。《新月》上的散文固然不及它之前的《新青年》上的"随感录"、《语丝》上的"语丝"派散文、《现代评论》上的"现代评论"派散文，以及三十年代初的《论语》上的幽默小品文，但是我们可以把它看作新文学第一个十年的散文与第二个十年的散文之间的一个过渡。《新月》散文具有新月派特有的绅士文化品位和布尔乔亚风格，虽然不具有再造文体高峰的能力，但也可以从中看出同人文化影响下与其他散文的不同之处。因而，梁实秋说"《新月》的散文可以说是新文学运动的一个小小的里程碑"①，也并非是自我夸耀的言过其实。

新月派对戏剧的关注和投入仅次于诗，而且有自己的理论倡导和批评标准。新月社的创办，主要也是因为戏剧而起的。"我们当初想往的是什么呢？当然只是书呆子们的梦想！我们想做戏，我们想集合几个人的力量，自编自演，要得的请人来看，要不得的反正自己好玩。"② 新月社的戏剧爱好者也演过一些戏，但影响不大，以至于1926年徐志摩对此作"总结"时，只得无奈地表示新月社"唯一成绩就只前年4月8日在协和演了一次泰谷尔的'契玦腊'"③。随着中华戏剧改进社的加入，国立艺专的成立，特别是《剧刊》这一块戏剧园地的开辟，新月同人在戏剧领域的活动更加活跃。他们继续倡导国剧运动，并准备创办"小剧院"。1926年6月17日开始，由余上沅主编的《剧刊》仅仅维持了三个多月，到9月23日编至15期后便因为同人的四散而停刊。鉴于《剧刊》每期4版的版面限制，不可能刊出对篇幅要求很大的剧本。在《剧刊》登载的50篇文章，全都是关于戏剧理论和批评的，内容涉及戏剧本质、戏剧剧场、戏剧与表演、戏剧与观众、戏剧与语言、戏剧与雕刻以及戏剧批评的理论与实践。正如余上沅所说："剧刊是终期了，剧刊要做的工作永远没有终期。"④ 1928年创刊的《新月》月刊并没有忘记戏剧这个"老朋友"。

在《新月》月刊里，有原创剧本的连载，有关于戏剧的理论和介绍

① 梁实秋、叶公超主编：《〈新月散文选〉序言》，雕龙出版社1980年版。
② 徐志摩：《致新月社朋友》，《晨报副刊》1925年4月2日。
③ 徐志摩：《剧刊始业》，《晨报副刊·剧刊》第1期，1926年6月17日。
④ 余上沅：《剧刊终期》（二），《晨报副刊·剧刊》第15号，1926年9月23日。

评论文章，有翻译的剧本，甚至有西方经典剧作家的雕塑、经典戏剧的剧照。但由于新月戏剧同人本来就不多，剧本创作又是一个难度很高的"技术活"，加之剧本尤其是多幕剧又很费版面，所以短短的 43 期《新月》月刊刊登的原创剧本的数量仅为 12 个。① 戏剧的精彩固然可以从剧本窥见一二，但归根到底，戏剧是一门表演艺术，尤其是舞美、灯光等剧场效果十分重要的现代戏剧；同时，对戏剧欣赏的剧场要求又使之成为一门"在场"的艺术。所以，戏剧的内涵和美感绝对不是纸上阅读可以完全领略的。正是因为如此，本书不准备对《新月》月刊刊载的剧本做具体的文本分析。

　　除了发表剧本，《新月》月刊也着力译介国外剧作。顾仲彝翻译了《勇敢》（高尔华绥原著）、《完成》（高尔华绥原著）、《理想中的佳人》，改译了《天边外》（奥尼尔原著）和《一百二十五两银子的面孔》，这些剧本为新月剧作家的创作提供了很好的借鉴与参照。而余上沅的《伊卜生的艺术》、《翻译莎士比亚》、《奥尼尔的三部曲》和张嘉铸的《伊卜生的思想》等评介性的文章则为读者了解国外的戏剧作家及其剧作打开了窗口。

　　对新月派的整个戏剧活动，我们可以做这样一个分段式的总结：新月社时期注重戏剧的演出性，但新月社"做戏"的活动主要是文艺演出而不是文学创作，除上演戏剧《齐德拉》以外，其戏剧活动也基本上没有产生社会影响，② 况且原创剧本的缺失使得他们的排练具有很强的随意性和不规范性，绝大多数时候带有"自娱自乐"的意味；《剧刊》始创时，徐志摩给它规定了宣传、讨论、批评与介绍以及研究四大"任务"③，它也确实在戏剧理论与批评方面出力不少，但三个多月时间 15 期报纸 50 篇文章对于一种戏剧样式的倡导委实有些力不从心；《新月》月刊为新月派的戏剧发展提供了一个发表剧本的舞台，但剧本数量

---

　　① 陈楚淮一人就有 6 个，即《金丝龙》（三幕剧）、《药》（独幕剧）、《韦菲君》（四幕剧）、《桐子落》（独幕剧）、《浦口之悲剧》（独幕剧）、《骷髅的迷恋者》（独幕剧），此外还有余上沅的《塑像》（四幕剧）、顾仲彝的《同胞姊妹》、饶梦侃的《梧桐雨》、顾一樵的《西施》、丁西林的《北京的空气》（独幕剧）以及徐志摩与陆小曼合著的《卞昆冈》。

　　② 付祥喜：《新月社若干史实考辨》，《中国现代文学研究丛刊》2007 年第 6 期。

　　③ 徐志摩：《剧刊始业》，《晨报副刊·剧刊》第 1 期，1926 年 6 月 17 日。

不多，可以搬上舞台的更少，新月派剧作家丁西林和余上沅的代表作《一只马蜂》和《兵变》都写于 1923 年，两人都只有一个剧本在《新月》月刊发表，后期，剧作家陈楚淮《骷髅的迷恋者》可以算作是《新月》月刊剧本创作的最大收获。

由此可见，作为舞台艺术的戏剧而言，新月派戏剧的贡献是有限的，《新月》月刊在新月派戏剧活动中起到了将《剧刊》时期的戏剧理论落实到剧本创作的作用，它同时也是作为流派出现的新月派戏剧实践的最后阵地。

总之，《新月》月刊作为新月文人群体文学观念和创作的核心载体，集中体现了新月同人对文学的理论见解和实践态度。

一 纯正与理性：形式与情感的双重节制

《新月》文学追求纯正与理性，体现了形式与情感的双重节制。

这首先体现在"新月诗派"的诗歌理论与创作上。《新月》时期新月诗人的诗歌创作，走过了新诗草创时期胡适倡导的白话新诗的"自由"与"混乱"，表现出对"诗之为诗"的"纯诗"追求。虽然这一时期已经经过了《诗镌》时期闻一多、饶梦侃等新格律诗的倡导者对新诗的格律、音节的严格要求，出现了诸多并不讲究新诗建行规整和音韵协调原则的诗歌，但总体上仍然沿袭了《诗镌》时期的诗歌主张。

徐志摩的《"我不知道风是在那一个方向吹"》和《再别康桥》是他在《新月》月刊发表的诗歌中最重要的两首，也是最能体现新月诗人诗歌美学原则的诗作。前一首诗向我们展示了一组缠绵忧伤的梦境，一个沉醉迷茫的主人公，一种飘忽不定的朦胧感。大量反复和适度变换结合，在看似单一的形式中蕴含着复沓回旋的诗情。后一首诗有着缤纷的色彩、和谐的韵律和规整的建行形式，成为"新格律诗""三美"原则几近完美的代言，也是徐志摩诗歌创作告别单纯的"情感的无关阑的泛滥"①，形式与情感日臻成熟的最好见证。这两首诗形式架构上比同载《新月》的《怨得》、《深夜》等小"豆腐干"要充实，基调上比

---

① 徐志摩：《〈猛虎集〉序文》，方仁念编《新月派评论资料选》，华东师范大学出版社 1993 年版，第 308 页。

《生活》中那一条阴沉、黑暗、恐怖的"甬道"明丽，因而并非如矛盾所批评的，"除了光滑的外形和神秘缥缈的内容外，不能再开出新的花来了！"① 而是自有其征服读者的高贵与神秘的美感。清华"四子"之一的饶孟侃（子离）在《新月》月刊发表诗作达 10 首之多，《有一只老马》可以看作他发表于《新月》的诗歌的代表。全诗六节，首尾两节仅一字不同，每节四行，而每节的奇数行（即第一行和第三行）都由两句相同的诗句句内重复而成，反复述说这一只立过数不清的战功的老马，却死在风雪当中，刻画的是一个可怜又可敬的无名英雄的形象。还有《爱》，断句的新奇独特后面隐藏着诗人字斟句酌的严谨。这些都可以看作饶孟侃《诗镌》时期对新诗音节的理论见解在《新月》诗歌上的继续实践。

　　《新月》月刊对诗歌的关注，使得它不仅成为新月诗人结集与凝聚的媒介，还成为新月诗人被命名为"新月诗派"的重要依据。"新月诗派"作为一个文学流派，其形成是新月诗歌同人在理论倡导和创作实绩两方面共同努力的结果。这其中离不开《诗镌》、《新月》、《诗刊》等媒介的培育和推介，正如有学者所言："没有《诗镌》对诗人的集合作用，没有它的诗作和诗论的基础，'新月诗派'这一流派的名字便难以成立。可以认为，正是有了《诗镌》的第一次合作基础，才会有《新月》月刊的二度合作，才会有后来的《诗刊》。《诗镌》是'新月诗派'的基础；《新月》月刊是它得名的原因，同时《新月》月刊和《诗刊》又是它成长发展的基地，而《新月诗选》则是这一诗派的总结和诗歌成就的集中体现。"② 在这些新月诗人的展示平台和培育基地中，《新月》月刊存在的时间最长，刊发的诗作最多，对"新月诗派"的形成所起的作用也最大。"新月诗派"提倡理性节制情感以及新诗形式上的格律化，这无疑改变了新诗草创时期的混乱，有利于新诗成其为诗的特质，但这些规则的过度实施又会使新诗创作自身陷入困境。新月诗派

---

　　① 茅盾：《徐志摩论》，方仁念编《新月派评论资料选》，华东师范大学出版社 1993 年版，第 157 页。

　　② 王光明：《诗歌形式秩序的寻求——"新月诗派"新论》（上），海南师范学院学报 2003 年第 6 期。

诗人对此很清楚，正如当时有人在谈到新月诗派时所指出的："前期诗人的作品，大半是初期作品形式自由，后来慢慢走上字句整齐的路；后期诗人则大半是初期作品字句整齐，后来慢慢走上形式自由的路。"①不仅形式上如此，"新月诗派"在 20 世纪 30 年代分化后或倾向于遒劲的现代派，或投入火热的现实主义，他们之前张扬的理性原则被彻底打破。《新月》月刊经历了"新月诗派"在形式和诗风上的变化，是这一流派形成和解体的最忠实的见证。

梁实秋的文学理论思想是《新月》文学理性与节制原则的又一重要体现。

梁实秋作为一个曾师从白璧德的新古典主义者，在《新月》月刊发表了《文人有行》、《文人之行》、《文学的严重性》等一系列文章，主张文人的德行修炼、文学的严肃态度等命题。《文学的纪律》是梁实秋最系统地阐述其文学主张的论文。他认为，文学在于表现永恒纯正的人性，而"纯正的人性在理性的生活里就可以实现"②，因而他强调"节制"和"理性"。梁实秋认为："文学的活动是有纪律的，有标准的，有节制的。""文学的力量，不在于开扩，而在于集中；不在于放纵，而在于节制。""伟大的文学者所该致力的是怎样把情感放在理性的缰绳之下。"③梁实秋看重的，是经过理性约束过的情感，是"有纪律的形式"，由此出发，他批评"五四"文学的过于"浪漫"，也批评鲁迅无节制的讽刺，并创作了诸多足以证明他的文学理论主张的小品文。

除此之外，凌叔华的小说也十分鲜明地体现了《新月》文学的纯正之风和冲淡平和的情感特点。

凌叔华是新月社的成员，也是被徐志摩称为"中国的曼殊菲尔"的才女。她在《新月》月刊发表的 8 篇作品全是小说，表现童真童趣是凌叔华这些小说的重要内容。《小蛤蟆》中的小蛤蟆一心想要变成人，历经千难万险后还是回到了妈妈的身旁。《小哥儿俩》中，一对小兄弟养

---

① 石灵：《新月诗派》，方仁念编《新月派评论资料选》，华东师范大学出版社 1993 年版，第 51 页。

② 梁实秋：《文学的纪律》，《新月》创刊号，1928 年 3 月 10 日。

③ 同上。

的可爱的八哥不小心被猫吃了，于是小哥俩到处找猫报仇，但当他们找到猫的时候，却又没有了心中的仇恨，因为他们看见有四只可爱的小猫正依着偷吃八哥的猫在吃奶呢！于是小哥俩又开始到处给猫们寻找安身之所了！《搬家》和《凤凰》都是写的小女孩枝儿的故事，《搬家》中枝儿家要搬到北京去了，大花鸡不能带走，枝儿只得把它送给邻家四婆，四婆给枝儿家送来一篮子菜践行，大家吃得津津有味，当枝儿听说那一盘鸡肉是她送给四婆的大花鸡做成的时候，立刻哇地大哭起来，吵吵闹闹得不可开交，还要去问四婆。小说《凤凰》中，枝儿溜到街上玩儿的时候看见街上捏泥的老爷爷有很多好玩的宝贝，她要老爷爷给她捏了一只凤凰，但他觉得会飞会唱歌的凤凰一定更加漂亮，于是跟着"好朋友"去寻找真凤凰去了。这些小说向我们展示了一个纯粹的儿童世界的乐趣，让我们读到了孩子们单纯的友好，不设防的天真，充满温暖的仁慈，以及爱憎分明的率真，一个个鲜活可爱的形象浮现眼前，带我们回到天真烂漫的儿童年代。

在表现童真童趣之外，凌叔华还用她特有的敏感心理和气质独特的文字为我们勾画出一幅幅女性群像。《小刘》写出了一群少女羞涩的青春故事和对即将失去的少女时代的怅惘。《送车》的主角是一群绅士太太，白太太要去车站给徐太太送行，为了赶时间便叫了汽车行的汽车，在等汽车的时间里，太太们叽叽喳喳唠叨不停，而内容无非都是谈论下等佣人等一些无聊的话题。凌叔华发表在《新月》月刊上的这些小说，正如鲁迅所说："大抵很谨悄的，适可而止的描写了旧家庭中的婉顺的女性。即使间有出轨之作，那是为了偶受着文酒之风的吹拂，终于也回复了她的故道了。"① 婉顺的女性性格的表露和天真的童趣世界的描绘，正好体现了纯正的品位和节制的情感。

"新月诗派"在诗歌创作中遵循的新格律诗的原则，梁实秋对文学的道德、纪律、理性的强调，凌叔华小说的"适可而止"，使得《新月》文学总体上呈现出追求纯正、讲求形式、用理性的力量来规范和节制情感的特点。

---

① 鲁迅：《〈中国新文学大系〉小说二集序》，收入《且介亭杂文二集》，《鲁迅全集》第六卷，人民文学出版社 2005 年版，第 258 页。

二 爱情表达：永恒人性的书写

新月文学同人对文学主题关注的兴趣点，并不在能产生轰动效应的重大社会问题，也不在革命运动中的阶级斗争，而是着力于表达对爱情的不同体验，一种个体化的叙述中对"永恒人性"的执着书写。

《新月》诗歌是新月文学同人爱情书写的重点。"新月诗派"的灵魂人物徐志摩一直执着于爱的吟唱。他发表于《新月》月刊的爱情诗歌，少了那种对"容不得恋爱"的"懦怯的世界"的血泪控诉（《这是一个懦怯的世界》），也不再是"谁知我的苦痛？/你害了我，爱，这日子叫我如何过？"（《我来扬子江边买一把莲蓬》）的直白呼唤，而是更加丰富和成熟。如徐志摩发表于《新月》月刊的《我等候你》："你怎还不来？希望/在每一秒钟上允许开花。""希望在每一秒钟上/枯死——你在哪里？"等待的是一种"到来"，而不管"到来"之后的自己是得到所想还是徒有奉献，是被尊重还是被漠视；《枉然》一诗，是对热烈却死去了的爱的诀别，是因过错导致的回归过去的失败，缠绵的温情与坚定的冷漠形成鲜明对比；《活该》则写出了无意的错过造成彼此爱的轨迹无法再次交汇的应得的罪过，但并没有怨恨，而是友好的分离。显然，经过了婚变和遭遇了再婚后爱人的"不完美"，徐志摩不再一味执着于爱的"单纯信仰"，而是将错过、残缺、诀别等悲剧性体验融入诗歌，从而提升了诗歌情感的层次，也增强了诗歌的感染力。

"新月诗派"的后起之秀陈梦家在《新月》月刊发表的第一首诗《那一晚》便是一首情诗。诗中的"我"和"你"从挽手、靠肩到偎身，以至发生"一生难忘的错恨"，此时"上帝偷去了年轻人的灵魂"，失去灵魂之后"却再难挨近你的身"。这可以看作一个18岁的"大男孩"对爱恋中精神和身体合理距离的衡量，"灵魂"占据上风的结局似乎预示了陈梦家日后创作中精神为上的倾向。之后的《我望着你来》写道："你要轻轻/撩起衣裙，点着你的脚尖，/从一盘盘绿荷叶的上顶/悄悄的来，不许惊散一颗/晶圆的水珠。""你飘飘的像飞，但是分明/你的脚尖点着一片一片/蔚蓝的云。我便是一个人/静坐在一角青天的底边，/悄悄数着你云际的步声。"全诗饱含清澈与静穆，包裹着唯美的情愫，可以视为陈梦家甚至整个新月诗人情诗的上乘之作。

陈梦家的诗友，1935年即已病逝，终年仅27岁的方玮德也是新月诗派的重要诗人。他第一次在《新月》亮相是在第三卷第二期，四首诗作一起登场，至第四卷第五期的最后一首诗《我爱赤道》，方玮德在《新月》月刊发表诗作共计12首。这些作品有很大一部分都是一个青年人爱的呓语。透过这些诗作，我们可以看到"我"在海边找寻开启爱人心门的那"一贯钥匙"（《海上的声音》），看到一只燕子掠过水面的"轻快"和"她"爱着的那颗"不黏着的心"（《一只燕子》），看到"失恋后另有奇遇时"重新找到的那"云边的一朵星"（《赖》）。不仅如此，《灵迹》中蛰伏未发的情愫，《我有》中什么也"不是"的"信念"与"思量"，《祷告》中得了宽恕后的心安理得，同样是一种飘忽婉转的爱恋之情的隐晦表达。这些诗有的单纯得冰清玉洁，有的稀释到没有感觉，变幻中有着"不容易捉摸的神奇"①。值得注意的是，"不管走到哪儿，都会有人欢喜"，"能够给人一种生气"的方玮德，"近两三年来"却"较前沉闷"了。② 他开始公开宣告——"世界，我要撑一张冷脸做人"（《"世界，我要撑一张冷脸做人"》），在他的世界里"看不见一颗夏天的星光"（《秋夜荡歌》）。在《一只野歌》一诗中，方玮德谋划了一场对失去了的曾经之爱的肆意报复，干起了"杀人""放火"的勾当。爱情变故的痛苦体验促使方玮德为新月诗派的诗歌注入了一种不同于欢快和享受的异样的情感质素。

诗歌之外，《新月》散文也是表达爱情主题的重要途径。新月派的后起之秀储安平的《墙》，写出了由身体的接触（吻）造成的精神爱恋的失落与死亡，一个未遂的初吻断送了一段纯真美好的"爱情"，细腻的感知造就了丰富的情感，内向的性格使其笔下充斥着一种独语式的自责与忏悔，于是，一堵因为缺乏交流而自筑的心墙挡住了照耀彼此心灵的阳光；《一条河流般的忧郁》饱含感时伤物的愁绪，情感的折磨编织

---

① 陈梦家：《〈新月诗选〉序言》，陈梦家编《新月诗选》，新月书店1931年版，第28页。

② 方令孺：《〈玮德诗文集〉代序》，方玮德《玮德诗文集》，上海书店1992年版，第7—8页。

了一种灰色的心境，使得忧郁像一条河流在心头流淌，永不停息。按照作者文末的记述，这两篇散文前者写于"病中"，后者写于"柳花纷飞时"，两种截然相反的境遇却有着相同的感情基调，足见在作者性格中独具的忧郁气质之外，爱情留给他的感伤和愁绪。除了储安平，何家槐也是新月文学同人中写散文的好手，他的《白莲藕粉》徐疾有度地讲述了一个在生活的重压下"苦中寻乐"的故事：夫妻俩守护病危的母亲，日不能息，夜不能寐，但就在每日午夜母亲停止呻吟的半个钟头安歇时间里，两人开始在病房走廊上泡吃白莲藕粉。作者工于叙述，善于描写，平凡的故事中间杂着欢乐和孤独的复杂情感，是夫妻之间爱恨情感的成功表达。

新月的文论家梁实秋在与鲁迅论战时一再强调，文学的价值在于描写普遍的永久不变的人性。这种人性的恒常形式，包括生老病死，爱恨喜乐。新月文学同人从不同的角度，用不同的体裁表达着不一样的爱情体验，丰富了对人性的理解，也成就了《新月》文学在爱情书写方面的独特魅力。

三 乡土与底层：非"新月"的《新月》文学

总的来看，新月文学同人追求艺术的纯正、节制，习惯于从非社会化的个体化叙述中表现人性的普遍性，具有突出的秩序理性和绅士品位。但由于刊物坚持兼容并包的自由媒介品格，《新月》月刊上的文学作品，有的已经溢出了上述的基本"规范"，具有非"新月"文学的特点。这主要表现在对乡土的赞美和对底层的书写。

沈从文发表在《新月》月刊上的小说是《新月》文学乡土叙事的典型代表。在《新月》月刊存在的这一时期，沈从文的创作——尤其是小说创作——表现出来的城乡两大题材和相应的文化选择与认同已经较为明朗（这一格局在 30 年代中后期逐步得到强化）。发表在《新月》月刊上的《牛》便带着浓郁的乡村泥土气息。小说写出了一头会说话、会做梦、会流泪的牛。人对牛的爱护和驱使，以及牛对人的回报，大牛伯和耕牛之间不依不舍、休戚与共的关系正是沈从文这个"乡下人"与湘西土地的关系。在作者熟悉的那些边地山寨和小镇上，有着当地人独有的生活方式和民族习俗。小说《阿金》中，阿金托媒向美丽的寡妇提亲，却被好友地保劝阻，因为当地人觉得寡妇"克夫"，阿金郁闷中将提亲的钱赌博输光，寡妇也跟着远方的游商走了，不知就里的地保还为自己做了一件讲义气的好事而暗自高兴。沈从文病中所作的《旅店》中，旅店女老板黑猫守寡后独身三年，情欲勃发后与常年路过的长鼻子住店旅客野合欢娱，一年后长鼻子旅客暴病而死，"黑猫"生下"小黑猫"后又与驼背管家结了婚。

　　除了这些表现边地苗民生活的小说，书写边远小城或者在都市环境里植入乡野故事也是沈从文乡土叙述的一个策略。比如《灯》，通过对用上电灯的城市家庭生活里的一盏旧油灯的回忆，展示了一个勤劳踏实、热情忠诚的家厨兼管家（一个曾经做过司务长的老兵）走南闯北的艰难的生活故事，是那个时代小人物的生活写照。再如小说《医生》，四川 R 市的白医生突然失踪了，正当人们在他家给他开追悼会时，他又悄悄回来了。医生若无其事将一切继续，在追悼会的宴席上给到场的人们讲他自己遇见的"一个新《聊斋》的故事"，原来医生喝了酒后神志不清不知走到了哪里，在失踪的日子里，他被拖到十几里路以外的荒郊野地，先是为一个不认识的产妇接生，后来又遇见一个"疯子"把他关起来，要他为一个从坟墓里刨出的尸体"起死回生"。在这些小说中，沈从文运用多种叙述技巧增加故事的传奇性和吸引力。《医生》开篇便制造悬念，随着故事的展开，医生的经历似醉似梦，到了最后才知道，这只是医生与现实时间完全吻合的一段"撞鬼"的经历，整个情节充满魔幻和离奇的色彩。《灯》用回忆敷衍故事，叙述结束后自然衔接到当前叙述时空。《旅店》的故事本身并无多少可供圈点之处，但小说对"黑猫"的心理描写和潜意识挖掘非常合理，是沈从文这一时期小说中少有的心理分析学说的运用成果。

　　用乡土的独异来对抗都市以找到自信，沈从文的这一基本理路在他发表在《新月》月刊的小说中基本呈现出来。第三卷第一期的《新月》月刊发表了沈从文的重要作品《绅士的太太》。小说中的丈夫和妻子都背着对方和别人偷情，姨太太也去勾引少爷。在这个看似体面的上流社会家庭里，沈从文给我们描绘了一幅幅都市文明人虚伪、懦弱、肮脏和充满色欲的图景。在《新月》第一卷第一期到第八期连载的两卷本长篇小说《阿丽斯中国游记》，是一个原本想写给妹妹看，然后让妹妹讲给母亲听用来给母亲解闷的童话故事。小说借助一只外国兔子的视角，隐含表达了对中国诸多社会问题的文化批判和讽刺，而对绅士生活和都市文化的奚落嘲讽在其中可谓随处可见。在提倡绅士文化的新月派刊物《新月》月刊嘲讽绅士文化，这对沈从文来说是一个矛盾。事实上，沈从文虽然没有加入过新月社，但是与新月派有着密切而微妙的关系：新月派的灵魂人物徐志摩非常赏识沈从文；徐志摩主编时期的《晨报副刊》和新月派的刊物《新月》月刊都是沈从文发表文章的重要阵地；沈从文的《蜜柑》、《阿丽斯中国游记》等都是由新月书店出版的，并在《新月》月刊大做广告进行宣传。沈从文与新月派有相通之处，比如关于文学的"人性"的观点，还有对当时激进思想的保守性态度。但是来自乡下并以"乡下人"自居的沈从文，在生活习惯、精神气质、思想根源等方面跟胡适、徐志摩、梁实秋等受到欧风美雨熏陶和洗礼的"新月派绅士"是有差别的。这种差别不仅造就了他们之间交往的距离，而且还以不同的文化取向表现在创作上，沈从文对绅士文化和都市文明的嘲讽态度便是最好的体现。但是不管沈从文是不是真正的新月派，他是《新月》月刊小说创作最有成绩的代表性作者，这是不容置疑的事实。

新月文学同人的表现对象一般是知识分子，或者干脆就是自我表现，按照过去的阶级划分，属于小资产阶级。但是在《新月》文学特别是小说中，出现了一些表现底层的作品。这些小说中的主人公，有的是下层人物，比如被抓壮丁的老农（高植的《除夕》），老婆被官兵霸占自己却被处死的农民（茅以思的《被打靶的人》），与农民一样贫穷的警察（谢季冰的《鞭策》），还有冻死在雪地里的更夫（徐转蓬的《守望者》），他们处在社会的最底层，有着任人宰割的悲惨命运；有的是小人物，如勤劳忠诚的佣人（凌叔华的《杨妈》、徐志摩的《家德》、沈从文的《灯》），小本经营的乡村小店主（徐转蓬《女店主》、沈从文《店主》），他（她）们虽然也处在社会底层，但有着基本的安全保障，能够自得其乐地生活。这些小说为我们塑造了崇尚绅士品位的新月知识分子眼中的底层人物形象。徐志摩《家德》中的家德，是一个勤劳忠厚的佣人，同时也是一个有情有义的大孝子的形象。凌叔华的《杨妈》更是这些底层形象的代表。《杨妈》中，45 岁的杨妈在高太太家里当佣人，要求一个月要放假一天出去找不辞而别去当兵的儿子，儿子不读书去当兵，因为当兵容易发起来。杨妈每天很晚还在灯下做针线活，高太太以为她生活苦在外面揽私活就提出给她加工钱，谁知杨妈却是在给儿子做衣服，日复一日，夜夜如此。后来高太太帮她登了寻人启事，有一天来报信息的人跟高先生说起儿子的消息，杨妈偷听见了，当晚只身一人去千里之外的甘肃寻找儿子去了，再也没有回来。小说写的是一个下层小人物的生活，但是并没有对生活绝望，刻画的知识分子形象也是善良仁慈的，他们之间没有不可调和的阶级矛盾，而是处在相互理解和帮助的关系中。这是一个充满温情的女性作家看待世界的眼光，也是新月知识分子社会改良主张的艺术体现。

总之，刊发于《新月》月刊上却溢出了新月知识分子精神"范围"的作品，以一种自足的状态存在于《新月》月刊里。它们虽然没有形成一股整体的力量，但却从不同的侧面充实了这个刊物的文学创作实力，也证明了《新月》月刊这个自由媒介在对传播内容的选择上所具有的相当程度的包容性。

第四节　同人写作：媒介内容的生产方式

同人写作是不同于个体创作和集体写作的一种特殊写作方式，作为同人媒介，同人写作是《新月》月刊媒介内容最主要的生产方式。通过集中的议题式同人写作和相对松散却有总体方向的目标式同人写作，新月同人不仅增强了群体聚合效应，还形成了同人文学的独特风貌，并对同人性流派的形成起到了无法忽视的促进作用。

一　同人写作的类型

如前所述，同人写作是同人们为同人刊物进行的有明确目的和清晰目标的写作活动，并不是同人的所有写作实践都属于同人写作，它是一个特定的对象范畴。概括来说，同人写作有立竿见影的议题式同人写作和相对自然松散但方向基本一致的目标式同人写作两种基本类型，这在《新月》月刊（同时包括新月同人依赖的其他媒介）的内容生产上有明显体现。

针对同人的写作特点和专业优势，或明或暗地形成议定的题目，或者确定讨论的框架，甚至相约合作形成专题，在同人精神的指引下各自撰文，这便是议题式的同人写作。因为有议题的相对集中性，又有相对开放的个体写作自由，所以这种写作方式对同人的思想和观点表达有很强的发掘潜能和吸附能力，在积聚力量方面有立竿见影的功效，是单个的个体创作所无法比拟的。

在议题式的同人写作中，有的议题并非同人们事先商议选定，而是由主要同人发起之后，在同人间相互呼应形成的一种默契。新月派同人的政论写作就是例子。在《新月》第二卷第一期刊发了胡适的长文《人权与约法》之后，一场轰轰烈烈的"人权大战"随之拉开了序幕。胡文发表之后，各方反应强烈，不少读者致信《新月》以表达疑问并参与讨论。梁实秋、罗隆基也先后加入了这场论战。梁实秋先后撰写了《论思想统一》、《孙中山先生论自由》、《思想自由》等文章，着重从思想自由、言论自由、创作自由等方面争取"自由"这种特殊的"人权"。罗隆基则一口气写出了《论人权》、《人权不能留在约法里？》、《我们不主张天赋人权》、《"人权"释疑》等一系列文章，对人权问题作了全面的正面诠释。除了"争人权"，新月派同人还通过同人写作表达对民主法治的争取。胡适在《人权与约法》中站在人权的高度强调约法对保障人权的重要作用，在《我们什么时候才可有宪法？》中阐述了对宪法问题的系统论述。罗隆基的文章比胡适更为密集和猛烈，《对训政时期约法的批评》、《我对党务的"尽情批评"》、《我们要什么样的政治制度》、《我们要财政管理权》等，每一篇都直击要害。尤其是在1930 年，新月书店北平分店被查封，店员被捕，《新月》月刊被没收之后，罗隆基随即发表了《什么是法治》一文，直指政府及其执行者此举没有保障国民的财产权和言论自由权利。新月派同人通过论战宣示了同人的思想主张，扩大了同人的写作影响，充分体现了同人领袖的号召能力和同人精神在同人写作中的纽带作用。

　　设置议题共同讨论、围绕议题各自撰文，是议题式同人写作的又一重要方式。当同人们集体发言时，可以在各抒己见的前提下形成基本一致的"大方向"，并在此基础上产生相对集中的探讨领域和核心观点，有利于聚集力量，获得关注并产生影响。新月派同人的小团体"平社"的写作活动正是这种写作方式的最好例证。"新月社"解散后，新月同人原来形成的定期聚餐讨论问题的形式得到了保存。1929 年 5 月 11日，"平社"在范园举行第四次聚餐，胡适提议同人们每人准备一篇论文，分期进行讨论，总题为"中国问题"。3 天之后，胡适便拟出了"平社中国问题研究日期单"：5 月 18 日到 8 月 3 日，计划每周 1 次固定时间的讨论，由潘光旦、胡适之、徐志摩、梁实秋、罗隆基等 12 人分别从种族、社会、经济、科学、思想、文学、道德、教育、财政、政治、国际和法律 12 个方面来研究中国问题。之后的几次聚餐，基本按照这个日期单展开了讨论。在 1930 年 4 月 12 日的讨论中，胡适提交了《我们走那条路？》，胡适将该文作为表明同人们根本态度的"引论"开启讨论，1930 年 6—7 月，先后讨论了罗隆基的《我们要什么样的政治制度》、郑放翁的《制度与民性》、青松的《怎样解决中国的财政问题》等论文，之后又不定期地讨论了潘光旦的优生学、沈有乾的教育研究、全增嘏的宗教与革命问题研究等论文。这些成果最终发表在《新月》月刊上：潘光旦的《论才丁两旺》、罗隆基的《论人权》等都是用讨论的文字修改而成；《我们走那条路？》（胡适）、《我们要什么样的政治制度》（罗隆基）、《制度与民性》（郑放翁）、《怎样解决中国的财政问题》（青松）、《人文选择与中华民族》（潘光旦，讨论时题为《人为选择与民族改良》）、《我的教育》（沈有乾）、《宗教与革命》（全增嘏）等，也都是同人们聚餐时宣读讨论的论文。这种共同讨论分别撰文又集体发表的方式既能突出同人作为整体的群体智慧和一致方向，又不抹杀同人作为个体的专业优势和表达个性，是兼具个体创作和集体写作的外在特点而又在本质上与之不同的同人写作方式。

　　同人们在重要议程的决策时刻或者重大事件的关键节点相约合作，采用集稿的写作和发表方式形成专题以集中表达同人诉求，是议题式同人写作的特殊形式。较之前述的议题式同人写作形式，其在写作目的上更为明显，内容范围上更为集中，同人间的写作联系也更加紧密。1929年梁启超死后，徐志摩等准备在《新月》月刊出一期"纪念专号"，但最终却没有出成。最热衷于此事的徐志摩未曾想到在自己死后实现了纪念专号的出刊。《新月》月刊第四卷第一期是"志摩纪念号"，除了刊登"志摩遗像"和两篇"志摩遗稿"，"志摩纪念"一栏选登了12篇关于徐志摩的文章，大多为新月同人的怀吊之作，胡适《追悼志摩》是对徐志摩一生的全面总结，梁实秋《谈志摩的散文》评中有持并借文怀人，方令孺《"志摩是人人的朋友"》说出了众人对逝者的爱戴，储安平《悼志摩先生》和何家槐《怀志摩先生》则赞扬了他提携后生的师者风范。1932年7月30日出版的《诗刊》第四期也是纪念徐志摩的专号，在这期《诗刊》里，徐志摩的旧作和怀悼徐志摩的诗文共有14篇，几乎占了一半的篇幅，同人作者既有孙大雨、饶孟侃、朱湘等前期新月诗人，又有陈梦家、方玮德等新月诗人的后起之秀，当然还有胡适这个新月精神领袖，加上亡者徐志摩的戏剧翻译和诗歌旧作，恰到好处地表达了《诗刊》对徐志摩其文其人的理解与怀念。这两期专题不是东拼西凑的版面填充和文章补缀，而是新月同人自觉合作以表达自我维护群体的直接展示，是议题式同人写作的集中方式和典型形态。

与议题式同人写作十分集中的议题讨论和立竿见影的效果期待不同，目标式同人写作是一种相对自然松散的写作方式，同人的写作活动虽然受制于总体的同人精神和同人目标诉求，但在写作时一般不会直接受到同人领袖或同人的影响。这种方式可以满足长时期见效的效果期待，并表现出更接近于个体创作的独立性特点，因而在文学性同人写作中表现尤为明显。这仍可以新月派同人的文学写作为例。众所周知，由于社会关注侧重点的差别，新月派事实上是"派中有派"，关注文学的新月派同人从新诗、戏剧、散文等方面探讨"五四"文学以后新文学应该具有的精神与形式，取得了富有建设意义的成就，其中尤以"新格律诗"的倡导和实验为胜。早在新月社成立后不久，成员们就曾从事过读诗会等文艺活动。1925年10月徐志摩接编《晨报副刊》后，直接刺激了新月派诗歌同人的写作和发表欲望。徐志摩、刘梦苇、饶梦侃、闻一多、朱大枏等一批新月诗人，在短短两个月11期《晨报·诗镌》发表新诗达86首，此外还有《新诗评》（朱湘）等诗歌评论和《诗的格律》（闻一多）、《新诗的音节》（饶梦侃）、《再论新诗的音节》（饶梦侃）等诗歌研究的文章。同人们在"新格律诗"的理论倡导下进行创作，实现了理论、创作与批评的三位一体和同步推进，成为文学性同人写作的有效形式。1928年创刊的《新月》月刊虽然曾一度热衷于"谈政治"而忽略了新月派同人的文学诉求，但五年多43期的月刊仍然刊登了大量文学作品。在《新月》的文学世界里，诗歌是《新月》文学的重镇。《新月》同人和编辑者中有很多都是著名的诗人，《新月》所设的"诗"栏目也几乎是自始至终的。如前所述，《新月》时期新月诗人的诗歌创作，走过了新诗草创时期胡适倡导的白话新诗的"自由"，表现出对"诗之为诗"的"纯诗"追求。虽然这一时期已经经过了《诗镌》时期闻一多、饶梦侃等新格律诗的倡导者对新诗的格律、音节的严格要求，出现了诸多并不讲究新诗建行规整和音韵协调原则的诗歌，但总体上仍然沿袭了《诗镌》时期的诗歌主张。在《诗刊》成长起来的一批新月诗人后期表现出一定的现代主义色彩，但在精神特质和形式上仍无法摆脱前期新月派诗歌同人的影响。新月派同人的诗歌写作前后持续了接近十年的时间，先后产生了《晨报·诗镌》、《新月》、《诗刊》三大阵地，近百位诗人在上面发表诗作，其松散性符合文学创作的自由特点；当然，这种目标式的同人写作又不同于完全分散的个人创作，它以同人文学精神和主张为纽带，团结一批一批诗人，提倡新诗的"格律化"，形成了"新月诗派"，其理论倡导、创作实践和批评研究都是围绕新月派同人对诗歌的理解进行的，都大致遵循着新诗规范化和理性节制情感的总主张，体现出目标式同人写作的特殊性。

二 同人写作的意义与影响

同人写作作为一种文学生产方式和思想观念表现形式，具有重要意义和深远影响，主要表现在以下几个方面。

同人写作固化和加强了知识分子的群体聚合，开创了一种用写作活动和媒介资源实现群体表达的新方式，此其一。

如前所述，20 世纪 20 年代始，知识分子"成群结队"的机缘已经不再是靠亲情维持的血缘关系，依靠的一是地缘关系，即同是从一个地方而来，可以以"老乡"泛称者；二是学缘关系，即在学习经历或学术渊源上有紧密联系者，包括师生关系、校友关系、留学渊源与族群关系等；三是文缘关系，即有着相同或相通的文学艺术趣味、思想文化观念者。具备地缘或学缘关系的知识分子，在分化组合之后，凭借彼此志同道合的机缘，最终通过文缘关系完成同人群体的聚合，在一定的组织形式和传播媒介的帮助下，借助同人写作实现群体整体及个人在文学与文化方面的诉求和宗旨。

从新月社聚餐会开始到新月书店终止经营，新月同人先后以《诗镌》、《剧刊》、《新月》、《诗刊》为阵地，经过数次分化整合，形成了一个相对稳固的同人圈子，他们通过文化和媒介活动聚合成群，实现了知识分子从个体到群体的嬗变。在整个过程中，写作活动成为群体聚合的核心内容。如果说新月社前期还是宽泛的文化活动，那么随着一群新月诗人的加入，文学的内涵和同人写作的性质便越来越明显。1925 年闻一多回国后，以"四子"为代表的一班朋友常常在闻一多家中论诗作文，由此形成闻一多及"四子"一群。尤其是闻一多、朱湘和饶孟侃，常常来刘梦苇的小屋里聚会，传阅、朗诵诗作或讨论诗歌问题。在这种聚会上对作品的讨论是一种宽松自由的文学探讨，并未形成定例，也没有议题式写作的讨论那么强的指向性，但却与个体创作区分开来。随后，这个群体在总体上不断扩大，经过《新月》的扩展和《诗刊》的强化，形成新月诗派的强大阵容。与此同时，以胡适、梁实秋为代表的政论型新月同人以《新月》为阵地，以讨论、专题为主要形式，通过同人协作的论战方式表达群体诉求。此外，同人们还通过集体推出同人稿件形成影响，通过作品背后的同人书信的探讨过滤或强化观点。总之，同人们为了同人目标的实现聚合在一起从事写作等活动，同人写作又反过来使得同人的群体聚合得到了加强和固化，并探索出不同于集体写作和个体创作，也不同于其他同人活动的群体表达的新方式。

其二，同人写作的圈子特性形成了同人文学的独特风貌。

如前所述，同人写作是一种介于个体创作与集体写作之间的写作方式，既具有不同于集体写作的相对独立的个性特点，又具有不同于完全独立的个体创作的同人共性特征。同人写作的同人性决定了这一写作方式所产生的文学是一种"圈子文学"，这是在创作主体上表现出来的明显特点。同人刊物的编者与同人写作的作者身份的同一性强化了"圈子"的封闭性与稳定性，通过同人写作不断扩大的同人影响力又会吸收新的文学力量扩大"圈子"的阵容和影响。正是因为同人写作所具有的"圈子"特征，其同人作品在艺术原则、题材的关注点、总体风格、精神价值追求甚至形式特点等方面都会表现出相当程度的相通性和近似性。以新月同人的写作为例，新月诗派在诗歌创作中遵循的新诗格律化，梁实秋对文学的纪律与理性的强调，凌叔华小说的"适可而止"，从多方面显示了新月文学在总体上对追求纯正、讲求形式和理性节制情感原则的认同守持。新月文人对文学题材与主题关注的兴趣点，并不在能产生轰动效应的重大社会问题，也不在革命运动中的阶级斗争，而是着力于表达对爱情的不同体验，一种个体化的叙述中对"永恒人性"的执着书写。具体到同人写作的成果，相同的文体、近似的题材或关系亲近的同人的作品，会呈现出相似的风格。如新月散文中与爱相关的作品中，储安平的《墙》充斥着一种独语式的自责与忏悔，《一条河流般的忧郁》则表现出作者性格中独具的忧郁气质，何家槐的《白莲藕粉》在平凡的故事中间杂着欢乐和孤独的复杂情感，孤独与忧伤成为储、何散文的突出特质，二者总体上又与新月同人的核心人物徐志摩的散文以情见长、勇于自剖的风格有着惊人的相似，自然也是受到他的影响。在文学的精神向度上，新月同人在写作中始终坚持追求自由、尊重人性、看重自我的价值观，这也成为新月同人写作中最有力量的黏合剂和新月文学最有魅力的价值源泉。

同人写作主体的圈子化使其作者在文化教育背景、思想艺术观念等方面具有某种天然的同类性，在同人作品中表现出原则、题材、风格、精神和形式等方面的相通性。同人的主体特点、创作实绩和同人写作的这些共性特征结合在一起，便聚合和强化为同人文学这一独特的文学现象和形式，形成了同人文学的独特风貌。

其三，同人写作的得势与成熟易于形成同人性文学或文化流派。

在文学史上，流派指的是相同或相近的艺术观念、创作主张和作品风格的作家的集合体。思想倾向和艺术风格是划分流派的两大标准和依据。《中国大百科全书》将文学流派分为两种类型，一种是"有明确的文学主张和组织形式的自觉集合体"，另一种是"不完全具有甚至根本不具有明确的文学主张和组织形式，但在客观上由于创作风格相近而形成的""半自觉或不自觉的集合体"。① 这种划分颇有道理，却难以精准概括由同人写作形成的同人性流派的特征甚至本质。在文学史上，风格、社团、时代、地域、题材等都可能对流派的形成产生影响。从同人写作与流派形成的关系来看，文学流派的形成不一定都是同人写作导致和造就的，同人写作只是有可能形成文学流派的一条路径；同人写作也并不一定产生和形成文学流派，只有当其集中书写产生一定的影响，所倡导的文学观念、创作方法等得到足够的人的接受和效仿后才可能形成流派。同人写作可以作为一种非审美性文章表达观点，提倡某种社会或文艺思潮，也可以作为文学创作形成某种文学的实际力量，当然如果创作实绩与理论倡导同步推进相互支撑，流派形成的条件就会更加充分。

同人写作形成流派有很大的优势。由于同人写作是面向同人期刊的定向撰稿，同人期刊的编者与作者的人员构成在很大程度上是重合的，因而同人写作在创作和发表上具有先天的媒介资源。《晨报·诗镌》仅存 11 期，名义上担任主编的徐志摩和实际发挥核心作用的闻一多为其写稿都在 10 篇以上。负责编辑《诗刊》的徐志摩和陈梦家也是《诗刊》发表诗歌最多的两位作者。《新月》月刊的 10 位"编辑者"在总共 43 期《新月》上发表文章共计达 245 篇，刊物的核心成员徐志摩、梁实秋、罗隆基、胡适 4 人所发文章更是多达 165 篇。编辑是刊物稿件的"把关人"，作者则是意见的最初贡献者，是观点产生的源头，这两种角色的合二为一无疑使得意见生产的创造力得到最大限度的激发，意见表达则受到最低程度的修改和源头控制，这对实现同人媒介的群体诉求是一个天然的优势。不仅是作为重要作者的编者，普通同人的写作成果在同人写作中同样享有发表优势。关系亲近的同人之间通过写作彼此

---

① 《中国大百科全书》总编委会编：《中国大百科全书》（23），中国大百科全书出版社 2009 年版，第 327 页。

联系构成各自的小"圈子"，这些有着共同性的"圈子"在大的同人精神的黏合下聚合为同人群体，通过同人写作的聚合效应集体表达观点和形成影响。

同人"志同道合"所具有的思想、艺术观念的接近性和趋同性是同人写作形成同人性流派的又一优势。因为同人写作是以同人之间的所同之"志"和所合之"道"为基础和纽带，所以在思想与艺术观念上具有先天性的共同特征，也极易取得目标的一致性，这种共同特征和一致的目标是形成流派的重要条件。正是因为先在的、彼此认同的文化、文学追求才让同人们走到一起，同人写作的表达和创作也正是为了实现和佐证同人彼此认同的价值和观念，似乎可以说，同人性流派在某种意义上可以看作是同人们通过同人写作人为努力而"制造"出来的。新月派的形成正好显示了同人写作的思想精神之于派中成员的黏合凝结作用。这个同人性文化派别较为松散，无特定组织形式，却有一群相对固定的"朋友"在一起聚餐、论时事、写文章、编杂志，沿着"大方向"同向而行。新月同人群体这种彼此兼容并包的特殊结合方式，在同人媒介的聚合作用和同人写作的集中展示下，逐渐形成了由"强烈的个人自由主义者"组成的"新月派"。

对于同人性流派而言，同人写作是流派形成的预演和必经阶段。同人写作和同人文学必定以一定的群体为特征，当这个群体特征产生一定影响的时候，就会促进甚至直接导致以文学或思想文化自身为目的（而不再是以政治为目的）、具有明显的精英化特征的同人性流派的形成。

第四章

《新月》月刊的媒介影响

  《新月》月刊作为一个存在时间长达 5 年多、出版刊物总共多达 43 期的同人性自由媒介，在现代文学和文化史上的重要性不言而喻。它不仅在特定的历史背景下为移植和培育自由主义做出了努力，而且对社会公共空间的开拓和公共领域的建构起到了不可替代的作用。

第一节　自由主义的移植和培育

  以《新月》月刊为主要平台的新月知识分子，通过同人之间的群体聚合和诉求表达，逐渐形成了事实上的"新月派"，而移植欧美国家的自由主义价值观念和社会模式，则是以胡适为代表的新月知识分子的初衷和夙愿。

一　《新月》月刊与"新月派"

  由于新月同人各自关注点的不同，《新月》月刊前后的编辑方针和媒介议程都出现了变化，并导致了新月同人在同一份《新月》中分化为两个群体：一个是以自由主义思想的译介和倡导为主的亚政治文化群体，另一个是提倡"健康"与"尊严"的文学群体。前者是新月同人被称为"新月派"的直接原因；后者则是"新月派"同人中的文学因素的聚合，同时也是后来形成的"新月诗派"在《新月》时期的重要力量。

  "新月派"这一称谓对于很多人来说是很敏感的，对新月同人如此，对一些与新月同人只有表面交往而没有精神同质性的人（如沈从文等）更是如此。这种状况跟长期以来一直存在于文学领域的意识形态对峙有关。"新月派"一直作为资本主义文学和文化的代表受到批判和压制，为避免文祸，与之相关的人当然唯恐避之不及。新月同人内部对这一称谓的态度以梁实秋最为强烈，也最具有代表性。他在《忆新月》中说：

> 《新月》不过是近数十年来无数的刊物之一，在三四年的销行之后便停刊了，并没有什么特别值得称述的。不过办这杂志的一伙人，常被人称做为"新月派"，好象是一个有组织的团体，好象是有什么共同的主张，其实这不是事实。我有时候也被人称为"新月派"之一员，我觉得啼笑皆非。如果我永久的缄默，不加以辩白，恐怕这一段事实将不会被人知道。这是我写这一段回忆的主要动机。胡适之先生曾不止一次的述说："狮子老虎永远是独来独往的，只有狐狸和狗才成群结队！"办《新月》杂志的一伙人，不屑于变狐变狗。"新月派"这一顶帽子是自命左派的人所制造的，后来也就常被其他的人所使用。当然，在使用这顶帽子的时候，恶意的时候比较多，以为一顶帽子即可以把人压个半死。其实一个人，如果他真是一个人，帽子是压不倒他的。①

这一段话所表达的观点在新月同人中很有代表性，它表明新月同人对自己被划成"派"的反感。之所以有这种反应，一是因为对"左派的人"恶意制造帽子压人的做法不满，二是因为同人们"独来独往"的个性不屑于"成群结队"。时隔十几年之后，梁实秋在回答丘彦明的提问时仍然不承认"新月派"的存在，只是语气较十几年前缓和。他说：

> 月刊的编辑出版事实上是由志摩主其事，精神上大家都默认胡

---

① 梁实秋：《忆新月》，程新编《港台·国外谈中国现代文学作家》，四川文艺出版社1986年版，第167页。

适之先生为领导人。有人说我们是"新月派"，其实我们并无组织规程，亦无活动计划，更无所谓会员会籍，只是一小群穷"教书匠"业务之暇编印一个刊物而已。我们没有政治色彩，我们都是强烈的个人自由主义者。①

这段话可谓一语道破天机。它"供述"了一个群体成为"派"的条件，突出强调了刊物媒介对流派形成的重要影响，也显示出思想精神之于派中成员的黏合凝结作用。事实上，新月同人群体这种彼此兼容并包的特殊结合方式，恰好体现了"新月派"的哲学基础——自由主义哲学的基本精神。因而可以说，新月同人在是否承认自己是"新月派"时闪烁其词的态度，从反面证明了这一群体的自由主义思想基础。换言之，他们以一种"不承认"的方式表明他们是崇尚自由主义的"流派"——人称"新月派"。

《新月》月刊作为一个媒介所产生的最大影响，就是集中了新月同人群体在思想文化上的观点和态度，借助媒介的传播平台和聚合功能，对分散的意识形态进行观念聚合，从而实现群体传播。正是由于《新月》月刊的集合作用，才使得存在分歧但大致方向基本一致的新月同人，围绕在《新月》月刊这一媒介周围，逐渐形成了由"强烈的个人自由主义者"组成的"新月派"。这个较为松散的特殊文化派别，虽然"无组织规程，亦无活动计划，更无所谓会员会籍"，但却有一群相对固定的"朋友"在一起聚餐、论时事、写文章、编杂志，大家有胡适这个默认的精神上的"领导人"，有《新月》月刊这个自办的同人性刊物作为言说阵地，"朋友们在自由'松懈'、没有纲领的结合下，也有相同的大方向，也尝试着对问题取得集体性的看法"②。实际上，正是自《新月》月刊将重点转向思想文化并相继抛出一篇篇政论文章后，《新月》月刊才"销量渐增"并作为一个文化媒介日益受到关注，"新

---

① 《岂有文章惊海内——答丘彦明女士问》，李正西、任合生编《梁实秋文坛沉浮录》，黄山书社1992年版，第10页。

② 梁锡华：《且道阴晴圆缺——新月的问题》，程新编《港台·国外谈中国现代文学作家》，四川文艺出版社1986年版，第199页。

月派"的"美名"也才不胫而走的。1931 年上海《民报》有人发表文章,"说中国目前三个思想鼎足而立: (1) 共产; (2) 《新月》派; (3) 三民主义"①。以一个杂志指代一个流派,足见《新月》媒介影响力之大,以至于连当时的"舵主"罗隆基自己都很吃惊:"想不到《新月》有这样重要。"② 由此可见,"新月派"这一命名自然因《新月》月刊而起。早就有"臧克家在中国新诗选上说过,新月派一词从《新月》月刊而来"③。在研究者中,认为"文学史上所说的'新月派'与《新月》杂志的创刊和发行有关系"④ 也是一种常识性的结论。《新月》月刊作为媒介,促进了"新月派"的形成。而在"新月派"基本定型之后,《新月》媒介又对"新月派"这一以特殊方式存在的同人群体的思想观念、行为方式和行文风格等实现了集中放大,从而扩大了"新月派"的影响。

二 "新月派"与自由主义

中国传统思想文化中存在自由主义因素,但自由主义作为一种成型的理论,无疑是一个"舶来品"。在自由主义的发祥地欧洲,自由主义的历史经历了古典自由主义的繁荣和新自由主义的发展,直至走向衰落和迎来复兴。在这一过程中,自由主义的内涵在不断变化,不同的自由主义者从各自关注的视角出发来阐述自己的自由主义主张,从而形成不同的自由主义流派。即便如此,自由主义理论跟其他理论一样,背后存在一个基本的理论预设。自由主义是一种以个体为本位的政治哲学理念,"自由主义的基础与出发点是个人主义"⑤。它假定人是一种独立自由的个体,并且能够借助理性的力量,通过对平等个体自由权利的争取来实现个体自由发展这一最高原则。自由主义的这一理论基石使得花样

---

① 罗隆基致胡适 (1931 年 5 月 5 日), 中国社会科学院近代史研究所中华民国史组编:《胡适来往书信选》(中册), 中华书局 1979 年版, 第 64 页。

② 同上。

③ 梁锡华:《且道阴晴圆缺——新月的问题》, 程新编《港台·国外谈中国现代文学作家》, 四川文艺出版社 1986 年版, 第 184 页。

④ 袁国兴:《1898—1948 中国文学场态》, 广东人民出版社 2005 年版, 第 333 页。

⑤ 李强:《自由主义》, 中国社会科学出版社 1998 年版, 第 147 页。

繁多的自由主义流派具有一些共通的思想特征和价值理念，即如有的研究者所总结的，"以个人的自由和幸福为终极关怀"，"以市场经济和宪法法律作为个人自由的基本保障"，"主张以渐进的方式推进社会的改良"，"视宽容或容忍为处事待人的重要价值"。① 近代中国自由主义思潮"发源于戊戌变法时期"，严复通过翻译穆勒的《群己权界论》（即《论自由》）和亚当·斯密的《原富》等引入英、美自由主义思想源头，谭嗣同则吸取了法国的自由理论并表现出中国文化对自由主义的内在期待，"梁启超的自由理论可以被看作中西自由主义源头合流的结果"②。此后，经过"五四"前后自由主义者的初聚、分化和重组，终于在20世纪20年代末30年代初形成了带有强烈自由主义倾向的新月知识分子群体。"'新月'时期是近代中国自由主义观念形态发展的最高阶段。"③而《新月》月刊则是这一"最高阶段"自由主义思想的最核心体现。

　　《新月》月刊的基本价值取向是自由主义的，围绕《新月》媒介形成的"新月派"同人也都是不同类型的自由主义者。新月知识分子中有胡适式的"思想理念型"自由主义知识分子，有潘光旦式的"学术超越型"自由主义知识分子。④ 正如梁实秋所说，"新月一伙人，除了共同愿意办一个刊物之外，并没有多少相同的地方，相反的，各有各的思想路数，各有各的研究范围，各有各的生活方式，各有各的职业技能。彼此不需标榜，更没有依赖"⑤。这种相互包容"没有依赖"的独立性和"共同愿意办一个刊物"的一致性相结合，既有共同的目标志趣，又有独立的人格精神，正是自由主义的典型特征。"新月派"同人以《新月》月刊为媒介，以自由主义为思想基础，积极倡导自由、民主、法治和人权等自由主义理念，是这一特征的集中体现。

---

　　① 闫润鱼：《自由主义与近代中国》，新星出版社2007年版，第39—40页。

　　② 许纪霖、陈达凯主编：《中国现代化史》（第一卷 1800—1949），上海三联书店1995年版，第564页。

　　③ 董国强：《论1910——1930年代中国自由主义知识分子的发展流变——以〈新青年〉同人群体、"新月派"和"独立评论派"的结构分析为视角》，《民国档案》2003年第2期。

　　④ 胡伟希、田薇：《20世纪中国自由主义的基本类型》，《中国人民大学学报》2003年第5期。

　　⑤ 梁实秋：《忆新月》，程新编《港台·国外谈中国现代文学作家》，四川文艺出版社1986年版，第170页。

自由主义者所勾画的蓝图要得以实现，"从逻辑发展以及历史意义上讲，第一个攻击点是专制统治，第一项要争取的自由是按照法律对待的权利"①。"自由的第一步实际上正是要求法治。"即："不是由统治者独断独行，而是由明文规定的法律实施统治，统治者本人也必须遵守法律。"②"新月派"同人的媒介实践正是遵循了自由主义的这一逻辑和原则。他们发表在《新月》月刊的政论文章，从保障人权的高度出发，批判民国政府的一党专制和思想控制，大声吁请政府制定宪法、实行宪政，积极争取思想言论自由，非常明显地体现了"新月派"自由主义者借助《新月》月刊这一同人自由媒介表达自由主义价值诉求的典型特征。

《新月》媒介自由主义表达产生的最大影响，莫过于通过发起"人权大战"力倡自由和人权。这一"运动"不仅对当时的政府尽快步入宪政轨道是一种督促和鞭策，而且是一次对普通大众争取公民权利的政治和法制教育。《新月》月刊从第二卷第二期开始的"政治转向"虽然遭到徐志摩等主张文艺的新月同人的诟病，但却在刚刚接手《新月》月刊的梁实秋手里得到了一如既往的推行。在第三卷第二期罗隆基接过编辑大权后，"谈政治"更是《新月》月刊追求的目标。罗隆基在1931年给胡适的信中态度十分明显，他说："此间志摩、淘美等为维持《月刊》营业计，主张《新月》今后不谈政治。'向后'未免太快，我不以为然。从前天津报事不敢就，为其打'言论自由'的招牌，一定无'言论自由'的实质。《新月》的立场，在争言论思想的自由。为营业而取消立场，实不应该。相当的顾到营业则可，放弃一切主张，来做书店生意，想非《新月》本来的目的。"③正是在"政论派"的坚持之下，《新月》月刊的第二卷、第三卷发表了大量政论文章，文章对自由主义基本价值理念的力倡，使《新月》月刊作为自由媒介的媒介性质愈见突出，媒介影响也日益广大和深远。梁实秋在20世纪80年代的回忆文

① ［英］霍布豪斯：《自由主义》，朱曾汶译，商务印书馆1996年版，第8页。

② 同上书，第9页。

③ 罗隆基致胡适（1931年8月6日），中国社会科学院近代史研究所中华民国史组编：《胡适来往书信选》（中册），中华书局1979年版，第76页。

字里仍然坚守并重申自己当初关于思想自由的观点。他说：

> 国家是需要统一的，对外是需要团结的，但是思想不需要统一，我在新月月刊上写过一篇《论思想统一》，后来收在《人权论集》里。我一直以为，我们对于一件事或一个问题，要想理解它，或批评它，便应该自己好好想一下，不能被别人牵着鼻子走。想过之后，如果认为应该跟着别人走，便堂堂的去一同走，这不是被人牵着鼻子。当然更不是被人抽着鞭子。事实上思想不能统一，只有独裁者及独裁之拥护者才要求思想统一。用威力胁迫思想统一，可能收效于一时，终必崩溃。国家统一，对外团结，也只是在大处着想，人的私下行为动态仍然各享自由，无需在任何方面皆求其清一色。①

由此可见，梁实秋的思想具有一贯的自由主义色彩，他对《新月》月刊的总体评价以及《新月》时期的自我评价都以自由主义为主。同样是在 80 年代末，梁实秋在接受丘彦明女士访谈提及"《新月》所作的事可得而言者"时，仍然认为"第一是思想自由的提倡"②，只是将评价的重点转向了"新月派"的旗手胡适。梁实秋说：

> 胡适先生的几篇涉及政治思想的文章以及象"名教"那样的作品，都是树立了自由批评的典范。《人权论集》内各篇文字是先生在《新月》发表过的。我记得胡先生有一篇颇触时忌，业已在发排中，胡先生的老友中国公学校董丁燮音先生闻讯跑到我家坚持要撤出手稿，我坚持不允，我告以除了胡先生本人以外，没有人有权力扼杀此文的发表。当然丁先生也是好意，不过我们看法不同。结果是这一期的《新月》被禁，只能在上海租界流通（租界之存在是

---

① 梁实秋：《副刊与我》，李正西、任合生编《梁实秋文坛沉浮录》，黄山书社 1992 年版，第 188 页。
② 《岂有文章惊海内——答丘彦明女士问》，李正西、任合生编《梁实秋文坛沉浮录》，黄山书社 1992 年版，第 10 页。

我们国家的耻辱，在租界里享受言论自由其事亦至可悲）。①

胡适作为一个熟知美国式民主政治生活的自由主义者，对言论出版自由的珍视已经内化成了一种习惯。他在争取自由的同时也提倡容忍，在他看来，民主政治需要"养成一种容忍异己的度量与风气"，"自由的保障全靠一种互相容忍的精神"。② 就他自己而言，正如梁实秋所评价的："他有批评的勇气，也有容忍的雅量。"③ 胡适借助《新月》月刊所做的贡献，一是通过《人权与约法》、《新文化运动与国民党》等政论文章批评政府、力倡法治与人权，二是从实证主义出发，通过《禅学古史考》、《入声考》等考证文章"提示一个治学的方法"④。胡适的价值，正如有研究者所指出的："如果从文化的角度、文学的角度（与政治思想无法隔离，但稍稍在现代取得部分的独立价值）看去，胡适一生致力于移植西方科学文明，用以批判旧的文化、旧的文学，开创现代文艺和学术文化的新范式，正是风云际会，恰逢其时。"⑤《新月》时期的胡适，无论是政治批评，还是学术研究，都有一个共同的前提，那就是承认既定秩序的合法性。在这样的大前提下希望对社会进行渐进改良。这是胡适移植西方文明的尝试，也是一个自由主义者的基本思路。

其实不仅仅是胡适，整个"新月派"一直都在致力于横向移植欧美国家的自由主义价值观念和社会模式，并试图在中国的土壤上培育出"自由之花"。他们从不同的理论资源出发表达观点和发表评论，相信观点的自由碰撞和市场选择，体现出典型的自由主义媒介理念；他们通过政论文章发表观点，在文章中力倡自由、民主和法治理念，尤其是通过"人权运动"，争取和捍卫了作为一个自由知识群体的话语权；他们

---

① 《岂有文章惊海内——答丘彦明女士问》，李正西、任合生编《梁实秋文坛沉浮录》，黄山书社 1992 年版，第 10—11 页。

② 葛懋春、李兴芝编：《胡适哲学思想资料选》（上），华东师范大学出版社 1981 年版，第 434 页。

③ 梁实秋：《怀念胡适先生》，刘天华、维辛编选《梁实秋怀人丛录》，中国广播电视出版社 1991 年版，第 325 页。

④ 同上书，第 259 页。

⑤ 吴福辉：《现代文化移植的困厄及历史命运——论胡适与〈现代评论〉、〈新月〉派》，《文艺争鸣》1992 年第 3 期。

在基本立场上拒绝"左""右"，守持"中立"，"在争取自由、民主、保障人权诸点上，自由主义者与左翼力量实际上存在某种同盟关系"①，但却又与左翼的革命理论存在根本分歧。"新月派"自由主义知识分子批评甚至反对政府却绝不颠覆政府，承认甚至维护当局的合法性却绝不沦为当局的附庸或工具。这种典型的自由主义姿态是一种稀缺的文化资源，其存在本身就具有重要的独立意义和参照价值。

第二节 公共空间的开拓和公共领域的建构

由于种种原因，20 世纪 20 年代末 30 年代初的现代传媒并非铁板一块，《新月》月刊的自由媒介属性使其在思想观念的自由表达方面走得更远。它对社会问题的探讨，对自身及普遍性权利的争取，对遭受到的隐性和显性控制的反抗，都是明显而一以贯之的。由此带来的公共空间的开拓和公共领域的建构，是其留给公民社会的一份公共遗产。

一 平社、《平论》与公共空间的开拓

《新月》月刊作为一种公开出版发行的自由媒介，其观点表达和对话语权的争夺是显在的。正如有学者指出的，"在《新月》杂志、新月书店抛出的言论与著述，只是胡适、罗隆基、梁实秋、王造时等人为争取人权、自由、约法、民主的外在显现形式，背后还有一个以胡适为核心、以清华园出身的归国留学生为主力的高层次自由主义知识分子的议政组织——'平社'"②。这个《新月》背后的"平社"，是以胡适、梁实秋、罗隆基等一些对政治感兴趣的新月知识分子为主体形成的一个议政团体，其目的是想说"几句平正的话表示一个平正的观点"③。

如前所述，新月同人的首度聚合是通过"新月社"这个带有沙龙性质的松散文化团体实现的，而"新月社"最初又是从聚餐会开始的。

---

① 胡伟希、高瑞泉、张利民：《十字街头与塔——中国近代自由主义思潮研究》，上海人民出版社 1991 年版，第 285 页。

② 沈卫威：《中国式的"费边社"议政——胡适与"平社"的一段史实》，《史学月刊》1996 年第 2 期。

③ 《〈新月〉编辑后言》，《新月》第二卷第一期，1929 年 3 月 10 日。

"新月社"解散后，这种定期聚餐讨论问题的形式却得到了保存。平社成员聚合的外在形式仍然是聚餐会，地点多在范园或在成员家中，参加人数时有增减，频率大约每周一次（1929年7月后有较长时间中断）。

1929年4月21日，胡适日记记载："平社第一次聚餐，在我家中，到者梁实秋、徐志摩、罗隆基、丁燮林、叶公超、吴泽霖。共七人。"①这是平社的首次聚会，平社活动的序幕由此拉开。5月11日平社在范园举行第四次聚餐，"努生述英国 Fabian Society〔费边社〕的历史，我（指胡适——引者注）因此发起请同人各预备一篇论文，总题为'中国问题'，每人担任一方面，分期提出讨论，合刊为一部书"②。胡适的这个提议将平社由聚餐的一般社交团体提升为具有公共性质的讨论政治与社会问题的议政性同人组织。3天之后的5月14日，胡适便拟出了"平社中国问题研究日期单"③：

题目	姓名	日期
从种族上	潘光旦	五月十八日
从社会上	吴泽霖	五月廿五日
从经济上	唐庆增	六月一日
从科学上	丁西林	六月八日
从思想上	胡适之	六月十五日
从文学上	徐志摩	六月廿二日
从道德上	梁实秋	六月廿九日
从教育上	叶崇智	七月六日
从财政上	徐新六	七月十三日
从政治上	罗隆基	七月二十日
从国际上	张嘉森	七月廿七日
从法律上	黄华	八月三日

之后的几次聚餐，基本按照这个日期单展开了讨论。5月19日的范

---

① 曹伯言整理：《胡适日记全编》(5)，安徽教育出版社2001年版，第396页。
② 同上书，第417—418页。
③ 同上书，第419—420页。

园聚餐会上，潘光旦从种族上讨论"中国问题"，认为从数量和质量上看，"中国民族根本上大有危险"，胡适认为"根据很可靠，见解很透辟，条理很清晰"①。5月26日，吴泽霖"从社会学上看中国问题"②，6月2日，唐庆增"从经济上看中国问题"③，这两次讨论在胡适看来有些价值，但都不及第一次成功。6月16日的聚餐到者甚少，"几不成会"，因而邀从北京来的任叔永加入，饭后同梁实秋、罗隆基寻李幼椿交流关于"多党政治"和"国家主义"的观点。④此后的平社聚餐暂停了大半年，直到1930年2月4日平社在胡适家举行新一年的第一次聚餐方才恢复。此次"决定下次聚餐在十一日，由努生与英士辩论'民治制度'"⑤。2月11日，平社按计划在胡适家聚餐讨论"民治制度"，"刘英士反对，罗努生赞成"，但胡适认为"皆似不曾搔着痒处"，并指出了自己认为的民治制度的三大贡献："民治制度虽承认多数党当权，而不抹煞少数。""民治制度能渐次推广，渐次扩充。""民治制度用的方法是公开的讨论。"⑥在4月12日的平社讨论中，胡适提交了写于两天前的《我们走那条路?》一文。他在"缘起"中说："我们几个朋友在这一两年之中常常聚谈中国的问题，个人随他的专门研究，选定一个问题，提出论文，供大家的讨论。去年我们讨论的总题是'中国的现状'"，"今年我们讨论的总题是'我们怎样解决中国的问题?'分了许多子目，如政治，经济，教育，等等，由各人分任"。⑦胡适的提议得到了同人的赞同，他于是将《我们走那条路?》作为表明同人们根本态度的"引论"，实际上也就是平社成员甚至整个新月自由主义者的政治思想纲领。有了这个开头，"怎样解决中国的问题"的讨论如期举行。1930年6—7月，平社先后讨论了罗隆基的《我们要什么样的政治制

---

① 曹伯言整理：《胡适日记全编》(5)，安徽教育出版社2001年版，第420页。
② 同上书，第424页。
③ 同上书，第425页。
④ 同上书，第436页。
⑤ 同上书，第661页。
⑥ 同上书，第667页。
⑦ 胡适：《我们走那条路?》，欧阳哲生编《胡适文集》(5)，北京大学出版社1998年版，第351页。

度》、郑放翁的《制度与民性》、青松的《怎样解决中国的财政问题》等论文；7 月 24 日，潘光旦宣读了他的提倡优生学的论文《人为选择与民族改良》；① 8 月 31 日，沈有乾读讨论教育问题的论文《我的教育》；② 11 月 2 日，全增嘏读论文《宗教与革命》。③ 这些论文从不同的专业角度讨论中国问题，理性寻找解决问题的方法，是平社自由主义知识分子开出的改良社会的良方。

遗憾的是，1930 年 11 月 28 日，胡适迁家至北平，平社的讨论活动基本上随之终止了。1931 年 1 月 11 日胡适回上海时，平社在张禹九家聚餐，但"无论文"④。这一年的 7 月 6 日，罗隆基致胡适的信中谈到"拟恢复平社"⑤，但最终未能如愿。

在组织平社的同时，为便于发表"偶尔想说的'平'话"，平社同人门又计划在"专载长篇创作与论著"的《新月》月刊之外"另出一周刊或旬刊，取名'平论'"⑥。1929 年 3 月 25 日，胡适撰写了"只有一千六七百字"的"《平论》周刊的发刊词"。⑦《平论》原定于 4 月 1 日与读者见面，早在 3 月 10 日出版的《新月》第二卷第一期上就登了预告，但到了 4 月 10 日《新月》第二卷第二期出版时，"上期预告的《平论周刊》一时仍不能出版"，"但此后的新月月刊，在平论未出时，想在思想及批评方面多发表一些文字"。⑧

《平论》最终胎死腹中，但作为平社讨论的思想成果，原本为《平论》而作的一篇篇锋芒毕露的文章最终出现在了《新月》月刊上。潘光旦的《论才丁两旺》、罗隆基的《论人权》等"都是用讨论的文字改

---

① 发在《新月》时题为《人文选择与中华民族》，据曹伯言整理《胡适日记全编》（5），安徽教育出版社 2001 年版，第 738 页。

② 曹伯言整理：《胡适日记全编》（5），安徽教育出版社 2001 年版，第 779 页。

③ 同上书，第 838 页。

④ 曹伯言整理：《胡适日记全编》（6），安徽教育出版社 2001 年版，第 9 页。

⑤ 罗隆基致胡适（1931 年 7 月 6 日），中国社会科学院近代史研究所中华民国史组编：《胡适来往书信选》（中册），中华书局 1979 年版，第 75 页。

⑥ 《〈新月〉编辑后言》，《新月》第二卷第一期，1929 年 3 月 10 日。

⑦ 曹伯言整理：《胡适日记全编》（5），安徽教育出版社 2001 年版，第 373 页。

⑧ 《〈新月〉编辑后言》，《新月》第二卷第一期，1929 年 3 月 10 日。

作的"①。尤其在胡适宣布研究重点从"中国的现状"转到"怎样解决中国的问题"后，平社的每一次聚会讨论的文章都会在《新月》月刊发表。《新月》月刊第二卷第十期的《我们走那条路?》（胡适）、第二卷第十二期的《我们要什么样的政治制度》（罗隆基）和《制度与民性》（郑放翁）、第三卷第一期的《怎样解决中国的财政问题》（青松）、第三卷第二期的《人文选择与中华民族》（潘光旦，讨论时题为《人为选择与民族改良》）和《我的教育》（沈有乾）、第三卷第三期的《宗教与革命》（全增嘏）等，都是平社聚餐时宣读讨论的论文。胡适离开上海后，潘光旦将这些文章以及一些未经讨论但作为平社成果发表在《新月》月刊的文章汇成《中国问题》② 一书，于 1932 年由新月书店出版。从政治、财政、教育等方面为解决中国问题提供了全方位的参考，"给我们国民指出一条共同努力的方向"③。

新月同人的自由主义思想较为明显地受到英国费边社自由主义者哈罗德·拉斯基的影响，这种影响在新月知识分子中的热衷政论的一派那里表现得更加突出。在平社活动的时期，拉斯基的著作常被翻译发表在《新月》月刊上，第二卷第二期发表了《共产主义论》（黄肇年译）的第一章，第三卷第五、六期合刊发表了《服从的危险》（罗隆基译），紧接着第七期又发表了《平等的呼吁》（罗隆基译），第十二期发表了《教师与学生》（胡毅译）；不仅如此，新月书店还在这一时期出版了拉斯基的《共产主义论》（黄肇年译）和《政治》（邱辛白译）；而罗隆基这一拉斯基的忠实信徒发表在《新月》的关于共产主义的文章简直就是拉斯基的中国翻版。正如有学者分析的，"这位费边社著名的理论家之所以能对那时中国的自由主义知识分子产生影响，有两个原因，一是那时许多中国的自由主义知识分子都曾在拉斯基讲学的伦敦政治经济

---

① 胡适：《我们走那条路?》，欧阳哲生编《胡适文集》（5），北京大学出版社 1998 年版，第 351 页。

② 该书由潘光旦编，新月书店 1932 年出版，潘光旦《人文选择与中华民族》一文换成了《优生的出路》，另外增加了汤柏森著、刘英士译《关于中国人口问题的一篇外论》、吴景超《中国农民的生活程度与农场》和潘光旦《姓，婚姻家庭的存废问题》，共十篇文章，外加潘光旦的《序》。

③ 见《新月》第四卷第一期广告。

学院读过书"，如罗隆基、王造时、储安平等，"另一个原因就是费边社理论中有关社会主义的内容，对中国的自由主义知识分子较有吸引力"①。拉斯基从资本主义私有制和自由主义的同构性看出了自由主义自身包含的颠覆性因素，这正好迎合了新月自由主义者的不满和反抗因素，而费边社蓄势等待的策略和改良主义的方针则正好符合新月同人的社会理想和政治主张。

正是基于上述的思想文化背景和社会政治现实，由新月知识分子中的政论派人物组织起来的平社，以自由主义主张为思想主体，借鉴英国费边社的议政方式，采用定期聚餐的形式聚合交流。他们在聚餐会上提交涵盖广泛的专业论文，讨论重大的政治与社会问题，彼此交流思想和观点，并及时将成果通过刊物发表或书籍出版的形式进行最大范围的传播。这种方式压缩了家庭的私人空间性质，使家庭餐厅和餐馆饭桌成为新月同人讨论议政的准公共场所。很多颇有价值的深刻思想和建设性意见从这里出发，出现在被当局和大众接触到的印刷媒介中，影响了当政高层的民主化决策，引导着普通大众的公民化进程，从而以一种特殊的形式开拓了公共空间。

二 《新月》的言论空间拓展与公共领域建构

《新月》月刊作为一种准大众传播媒介，不得不受到其所处的社会环境的控制。尤其是当它将媒介内容的触角伸向政治领域，并试图从意识形态市场获取自由主义的话语权时，这种控制也因之变得更加强烈和复杂。《新月》月刊存在的这五年多（1928—1933）时间里，政治和文化生态对其生存和发展影响重大。"国内军阀割据，党内派系林立，还有红色政权存在，国民党并没有实现真正的政治军事的统一"，"作为文化中心的上海，有外国租界，要抓个什么人，还得央求租界引渡，'党国'不能随心所欲"，"文化出版，新闻媒体，多为民营，未被官方完全垄断，因此无须为'党国'承担'守土有责'的义务，老总们也不会成天提心吊胆"。②此外，"五四"时代开放的媒介环境形成了一定

① 谢泳：《清华三才子》，新华出版社2005年版，第12页。
② 吴立昌：《1930年前后之〈新月〉》，《中文自学指导》2006年第2期。

的媒介自由观念，对"后五四"时代的媒介控制也造成一定程度的冲击。这样的客观条件和时代环境，使得这一时期国民党当局对媒介的控制表现出一定程度的矛盾态度：一方面，为了保证集权主义的统治权威，以"以党治国"为政治哲学，强调媒介的所谓"党性"，对不愿意看到的观点和认为有可能危及"党国"利益与安全的媒介内容实施严格限制；另一方面，国民党的阶级属性和中华民国的总体设计，不允许蒋介石政府完全颠覆和抛弃资产阶级在反封建的革命中建立起来的，在当时仍被广大知识分子主观信奉着的民主、自由等价值观念，尤其是思想自由和媒介（新闻）自由的"传统"和"常识"。因而，当局既想通过党治原则从根本上控制媒介，以体现国家、政府和党的权威，又在思想文化环境、政治统治能力和经济控制能力等方面为自由主义哲学及自由媒介的存在和发展留下了空隙。

《新月》月刊作为一种自由媒介，具有非官方的独立的经济基础，也培养出了一批非职业化的同人性媒介从业者。《新月》月刊非营利性和同人性的自由媒介属性，决定了它及其身后的新月同人与官方当局以及代表官方的文化机构和媒介组织之间，基本不存在基于商业竞争的经济利益冲突，二者的主要冲突集中在意识形态领域。新月同人对思想言论自由的争取与政府当局对思想言论自由的限制以及对"过激"言论的滤过干扰形成一对尖锐的矛盾，双方以《新月》月刊为据点，展开了控制与反控制的斗争。《新月》月刊正是在对控制的反抗中，表现出知识分子的议政传统，拓展了公共言论的宝贵空间。

国民党当局对《新月》月刊的媒介控制有两种基本的形式。一种是隐性控制，或者叫作"软"控制。这是一种"以毒攻毒"，以思想挤兑、"占领"思想的方式，即通过动用官方媒体网络和组织御用文人，在媒介内容上对新月同人的自由主义思想进行批判或"争鸣"，或者干脆规定学习内容——"研究党义"，以此达到用官方意识形态"改造"知识分子思想的目的。隐性控制在控制效果上有相当的滞后性。因而当《新月》月刊的言论尖锐到统治者不能容忍时，当局则动用行政网络甚至暴力机关，采取显性控制，或者叫作"硬"控制的方式来规训《新月》月刊及其新月同人。在实际的操作过程中，这两种形式是相辅相成、综合运用的。

1929 年，上海特别市代表陈德徵向"国民党三中全会"提交了一份严厉处置反革命分子的提案。陈德徵认为，为防止共产党、国家主义者、第三党等"反动分子"漏网，必须"不犹疑地予以严厉处置"，他想出的"办法"是："凡经省及特别市党部书面证明为反革命分子者，法院或其他法定之受理机关应以反革命罪处分之。如不服，得上诉。惟上级法院或其他上级法定之受理机关如得中央党部之书面证明，即当驳斥之。"①

按照这一提案，任何人只要被"党部"认为是"反革命分子"，"法院可以不须审问，只凭党部的一纸证明，便须定罪处刑"②。这种"以党治代法治"的抹杀人权的做法让胡适"闻所未闻"，他当即致信时任司法院长的王宠惠，并准备将信发表。但信"被检查者扣去"，"未见刊出"。③ 这一提案最终也"无形打销"④。胡适的信未得发表，"陈德徵的反响却登出来了"，陈德徵在《胡说》一文中批评胡适"不懂得党"，"不懂得主义"，"不懂得法律"，并给胡适送了一个"胡说博士"的"美誉"。⑤ 检查者扣去胡适准备发表的信件，使他深切感受到言论出版自由所受到的限制，但陈德徵的提案不了了之，胡适也就未作进一步的反应。

1929 年 4 月 20 日，国民政府下了一道保障人权的命令（命令文本本书见本书第三章），其用语含糊、操作困难让胡适颇为"失望"，于是他于 5 月 6 日写成《人权与约法》一文，发表在《新月》第二卷第二期，由此拉开了《新月》"人权大战"的序幕。此后，胡适先后在《新月》月刊发表了《我们什么时候才可有宪法?》、《知难，行亦不易》、《新文化运动与国民党》等文章。梁实秋、罗隆基的加入，使得

---

① 见曹伯言整理《胡适日记全编》(5)，安徽教育出版社 2001 年版，第 375 页。又见胡适致王宠惠（1929 年 3 月 26 日，稿），中国社会科学院近代史研究所中华民国史组编：《胡适来往书信选》（上册），中华书局 1979 年版，第 508 页。

② 曹伯言整理：《胡适日记全编》(5)，安徽教育出版社 2001 年版，第 375 页。

③ 同上书，第 376 页。

④ 王宠惠致胡适（1929 年 5 月 21 日），中国社会科学院近代史研究所中华民国史组编：《胡适来往书信选》（上册），中华书局 1979 年版，第 513 页。

⑤ 曹伯言整理：《胡适日记全编》(5)，安徽教育出版社 2001 年版，第 378—379 页。

胡适挑起的人权战火越烧越旺。梁实秋的《论思想统一》、《孙中山先生论自由》、《思想自由》，罗隆基的《论人权》、《告压迫言论自由者》、《我对党务的"尽情批评"》、《我们要什么样的政治制度》、《对训政时期约法的批评》、《什么是法治》等文章（对这些文章的具体分析详见本书第三章），是对胡适的积极回应，更是对这场"大战"的热情参与和深化扩展。后来王造时、黄肇年等也加入到《新月》月刊的政论风暴之中。一些普通读者也纷纷来信就人权、宪法等问题展开讨论。《新月》月刊一时间成了一个炙手可热的论政平台。

以胡适、罗隆基、梁实秋为主将的新月政论者，通过在《新月》月刊的媒介实践，结合成一个信仰自由主义思想、共同开拓媒介自由环境的新月自由主义同人群体。他们用政论文章作为武器，争取国家的宪政法治、人民的人权民主以及媒介的表达自由。但是，由于新月同人们纯西化的思想与本土文化传统的错位，表达上的尖锐程度超过了当局的承受范围，最为关键的是，其自由主义文化思想与国民党日益明显的专制集权统治产生了根本分歧，故而，他们做党国的"诤友"的希望最终破灭。在胡适等人争人权、倡宪法的系列文章发表之后，反响各异。在反对者中，极少数抱着真诚的学术讨论和理性分析的态度，绝大多数是揶揄、嘲讽甚至谩骂。官方媒体发表"社论"进行抵制，一些御用文人更是大显身手。胡适的《人权与约法》发表后不久，就有"近视眼同志稿"《胡适之揩揩眼镜》，还有署名依然的文章《争自由与胡适的胡说》，对胡适的观点进行了大肆嘲讽和批判。当胡适的《我们什么时候才可有宪法?》、《知难，行亦不易》发表后，一时间各报关于"警告""惩治""拿办"胡适的消息和呼声此起彼伏，批判谩骂的文章更是铺天盖地：署名何来的《赞美的圣经 拥护胡适博士》，名为"赞美"和"拥护"，实为反语，通篇是对《新月》月刊和"博士"的讥讽；署名和尚的《胡适之的反动与迷梦》，语气虽较平和，但最终得出的仍然是"胡先生的言论是反动，也是迷梦"的结论；署名玉菱的《关于胡适之最近之胡说》通过批判胡适，表明了对"孙先生""行易知难"学说的绝对认同；署名无任的《有宪法才能训政吗?》根本否认胡适的制宪主张，宣扬"中国的统治，是需要国民党的统治，救中国的主义，是需要三民主义"的论调；另在胡适日记中，尚有大量未署名和不知报名的粘贴剪报，也基本上都是对胡适以及《新月》月刊的批判诋毁之作。①

英国学者戴维·巴特勒在总结大众传播媒介的思想艺术作用时说："传播媒介通过文字或形象表达的统治思想意识是掌权者维护其地位的主要手段。它们提供了自由的假象，像一条拴在长皮带上的狗，掩盖了约束的现实。"② 这一比喻形象地说明了《新月》月刊存在时期国民党掌控下的大众传媒状况。书面上承认言论出版自由的中华民国，通过官方媒介为知识分子和民众提供了一个"自由的假象"。而当《新月》月刊这一真正的自由媒介行使媒介自由权利的时候，当局则不仅通过"媒介战争"进行隐性控制，还借助国家机器进行强制控制。胡适因为在《新月》月刊上发表了《人权与约法》、《我们什么时候才可有宪法?》、《知难，行亦不易》等文章，所以由中央训练部特函国府，饬令教部加以警告，并由教育部长蒋梦麟于1929年10月4日向胡适下达了警告令。同样是因文"惹祸"，时任光华大学教员的罗隆基，于1930年11月4日下午1时在他兼职的中国公学的休息室突然被捕，一直到下午6时才被保释。事后，罗隆基在《新月》月刊发表了《我的被捕的经过与反感》一文，叙述了事情的原委，并表达了自己的态度，不料却换来了教育部要求光华大学解除他的教授职务的命令。1930年2月15日，新月书店收到了中央宣传部要求上海市党部宣传部"设法没收焚毁"《新月》第六、七期的"密令"。③ 1931年7月30日，新月书店北平分店遭突袭搜查，"拘去店员二人，并搜去《新月》第三卷第八期，（即努生评约法的一期）几百册"④。《新月》第三卷第十一期因刊发罗隆基的《什么是法治》"又犯了忌讳"，"付寄的四百本《新月》当时被扣，

---

① 此处所列文章均参见曹伯言整理《胡适日记全编》相应时间段的日记，另有出处和作者信息不明的剪报未列，可作参考。

② ［英］戴维·巴特勒：《媒介社会学》，赵伯英、孟春译，社会科学文献出版社1989年版，第54页。

③ 曹伯言整理：《胡适日记全编》（5），安徽教育出版社2001年版，第671页。

④ 曹伯言整理：《胡适日记全编》（6），安徽教育出版社2001年版，第138页。

并且声言明日抄店"。① 在《新月》谈政治期间，此类事情时有发生。对于《新月》月刊及支撑它的新月书店，还有其背后的新月同人，国民党当局在"软控制"的基础之上，通过动用党和国家的组织机构、文化行政网络甚至国家暴力机关进行直接控制，或实施训诫，或撤销职务，或禁售、没收刊物，或查封书店，或拘捕店员和作者，大大压缩了自由媒介的表达空间，也钳制了自由主义思想的传播。

面对当局日益严厉的直接控制，新月同人并没有退缩。他们一方面利用自己的社会关系，索回被扣刊物尽量降低经济损失，同时为被拘人员积极奔走换取人身自由；另一方面，通过据理力争和继续撰文批判当局的"硬碰硬"的方式，正面为《新月》月刊的政治评论争取言论出版自由。1929 年 10 月，胡适在收到教育部警告他的"训令"后，用颇为不屑的语气致信教育部长蒋梦麟，认为该令表达上"含糊拢（笼）统"，"看了完全不懂得此令用意"，"个人的事"牵涉到"中国公学"也"殊属不合"，② 所以胡适最终将原件退还给了蒋梦麟，以此表达对这一荒唐处理意见的强烈不满。光华大学得到教育部要求解除罗隆基教职的命令后，胡适于 1931 年 1 月先后两次致信时任蒋介石侍从室主任的陈布雷，并托陈布雷的朋友金井羊将《新月》月刊带给蒋介石和陈布雷，以证实《新月》的清白和学术自由及言论自由的不可剥夺。③ 1月 19 日，张寿镛、胡适、罗隆基一起商议罗隆基事件的解决方案，光华大学校长张寿镛"竟带了一个密呈"，密呈认为，"罗隆基在《新月》杂志发表言论，意在主张人权，间有批评党治之语，其措词容有未当。惟其言论均由个人负责署名，纯粹以公民资格发抒意见，并非以光华教员资格教授学生"，因而，"拟请免予撤销处分，以示包容"，此呈经胡

① 徐志摩致胡适（1931 年 9 月 9 日），中国社会科学院近代史研究所中华民国史组编：《胡适来往书信选》（中册），中华书局 1979 年版，第 77 页。

② 胡适致蒋梦麟（1929 年 10 月，稿），中国社会科学院近代史研究所中华民国史组编：《胡适来往书信选》（上册），中华书局 1979 年版，第 548 页。

③ 两封信分别见胡适 1931 年 1 月 16 日和 18 日的日记，1 月 18 日的信托金井羊带给陈布雷，但"信井羊未曾带去"。参见曹伯言整理《胡适日记全编》（6），安徽教育出版社 2001 年版，第 24—27、32—33 页。

适修改后准备直呈蒋介石，"经蒋批准后，即发表；发表后，罗即辞职"①。在胡适他们看来，这样做既顾全了"党国"的权威和颜面，又保全了知识分子的尊严和言论自由，不失为两全之策。由此可见，新月知识分子及其志同道合之士为了捍卫《新月》月刊的自由表达权利和拓展言论空间做出了多大的努力。

在新月同人反抗当局媒介控制的同时，其作为一个自由媒介所秉持的思想主张和政治理念得到了很多开明官僚、知识分子和青年学生的拥护和推崇。他们不仅乐于接受《新月》月刊倡导的自由主义媒介内容，还由衷地钦佩新月同人敢于斗争的勇气和勇于担当的社会责任感。胡适的《人权与约法》等文章发表以后，蔡元培这个新文化运动的老将也感到"振聩发聋，不胜佩服"②。南通大学校长张孝若更是对胡适称赞有加，他在致胡适的信中说："前月看见先生在《新月》所发表的那篇文字，说的义正词严，毫无假借，真佩服先生有识见有胆量！这种浩然之气，替老百姓喊几句，打一个抱不平，不问有效无效，国民人格上的安慰，关系也极大。试问现在国中，还有几位人格资望够得上说两句教训政府的话？像先生这样的要说便说，着实是'凤毛麟角'了！"③就连在宁波的"一个不相识的史济行"也致信胡适说，"我读了《人权与约法》后，觉得中国是很需要这样"，并深有感触道，"因《人权与约法》，先生免中国公学校长职，益信在国内，人权太没有保障了"④。这些中肯的评价，是对《新月》月刊作为一个自由媒介所发挥的媒介作用的极大肯定。时过境迁之后，"当局者"梁实秋对这一段历史有过客观的描述。他说：

　　　《新月》杂志在文化思想以及争取民主自由方面也出了一点力。

---

① 曹伯言整理：《胡适日记全编》（6），安徽教育出版社 2001 年版，第 34—35 页。

② 蔡元培致胡适（1929 年 6 月 10 日），中国社会科学院近代史研究所中华民国史组编：《胡适来往书信选》（上册），中华书局 1979 年版，第 515 页。

③ 张孝若致胡适（1929 年 7 月 31 日），中国社会科学院近代史研究所中华民国史组编：《胡适来往书信选》（上册），中华书局 1979 年版，第 523—524 页。

④ 史济行致胡适（1929 年 8 月 30 日），中国社会科学院近代史研究所中华民国史组编：《胡适来往书信选》（上册），中华书局 1979 年版，第 540 页。

最初是胡适之先生写了一篇《知难，行亦不易》，一篇《新文化运动与国民党》。这两篇文章，我们现在看来，大致是平实的，至少在态度方面是"善意的批评"，在文字方面也是温和的。可是那时候有一股凌厉的政风，不知什么人撰了"党外无党，党内无派"的口号，只许信仰，不许批评。胡先生说："上帝都可以批评，为什么不可以批评一个人？"所以虽然他的许多朋友如丁毅音熊克武但懋辛都力劝他不可发表这些文章，并且进一步要当时作编辑的我来临时把稿径行抽出，胡先生还是坚决要发表。发表之后，果然有了反响。我们感到切肤之痛的是《新月》被邮局扣留不得外寄，这一措施延长到相当久的时候才撤消。胡先生写信给胡展堂先生抗议，所得的回答是："奉胡委员谕：拟请台端于×月×日来京到……一谈。特此奉陈，即希查照，此致胡适之先生：胡委员秘书处谨启。"……我写了一篇《论思想统一》，也是主张思想自由的。这时节罗隆基自海外归来，一连串写了好几篇论人权的文章，鼓吹自由思想与个人主义，使得新月有了更浓厚的政治色彩，引起了更大的风波。①

梁实秋的回忆已经没有了《新月》当年的锋芒，平淡的语气和客观的评价正好证明了英国学者戴维·巴特勒的论断："大众传播媒介不是引起不可接受的'社会行为'，而是为'反社会'行为提供了一个无害的出口或'安全阀'。"② 大众媒介的功能不是制造和产生问题，而是有利于社会不满情绪的宣泄，这种宣泄更有利于社会的安全。《新月》月刊也是如此，它通过纵向能量积聚和横向关注点的结合，对受众进行了事实上的长期"培养"和"涵化"，从而在隐性层面形成能够影响接受者观念意识的媒介暗示，在显性层面则形成能够左右受众认识、态度的大众情绪。它以共同的话题将分散的陌生大众结合为现代公众，从而形

① 梁实秋：《忆〈新月〉》，程新编《港台·国外谈中国现代文学作家》，四川文艺出版社1986年版，第172—173页。
② ［英］戴维·巴特勒：《媒介社会学》，赵伯英、孟春译，社会科学文献出版社1989年版，第23页。

成查尔斯·泰勒（Charles Taylor）所说的跨区域的公共空间。《新月》媒介所在的上海、北京及其辐射到的"城市"成为"批评中心"，一群"有教养"的新月知识分子通过聚会、议政和写作来表达自我和审视社会关系，形成哈贝马斯所谓的作为"批判力量"而不是"操纵力量"存在的"公众舆论"。① 知识分子则从文学公共领域产生出来的政治公共领域内，"以公众舆论为媒介对国家和社会的需求加以调节"②。新月同人正是义不容辞地担当了国家与社会的批判者和调节者的角色。他们借助《新月》月刊这一自由媒介大胆论政，极力争取言论出版自由，用知识的智慧和斗争的执着与勇气，极大地拓展了言论空间。尤为可贵的是，在《新月》月刊自由土壤的培育下，产生了胡适、罗隆基、梁实秋、储安平、王造时等一大批富有社会责任感的自由知识分子。从《新月》出发，延伸出坚持独立自由论说立场的《独立评论》，"在对自由精神的鼓吹和培植上比《现代评论》、《新月》走的还要远"③ 的《观察》等自由媒介，它们上承《努力周报》等自由园地，共同建构起一个自由主义意识形态的公共领域。

---

① ［德］哈贝马斯：《公共领域的结构转型》，曹卫东、王晓珏等译，学林出版社1999年版，第283页。

② 同上书，第35页。

③ 谢泳：《逝去的年代——中国自由知识分子的命运》，文化艺术出版社1999年版，第292页。

结　语

　　一份杂志——《新月》，一个群体——新月同人，一种思潮——自由主义，一个流派——新月派，五年多的时间，四十三期杂志，这就是《新月》的全部。现在，当我们回望过去置身事外，试图对《新月》这一典型的同人性自由媒介及其背后的文化现象进行"盖棺定论"时，不得不再次考量《新月》月刊留给我们的核心价值，以及这些价值的当下意义。

　　一是知识分子的独立性和责任感。在中国传统的社会结构中，"士"是"四民之首"，具有领导其他三民、连接朝廷和社会的重要作用。士大夫们往往凭借自己兼有的官僚身份介入政治，实现自己作为士人的理想，体现忧国忧民的社会责任感。近代以来，传统社会结构逐渐走向解体，科举制度的废除，教育的发展，留学人员的增多，知识性自由职业的出现，使得传统士人一步步向现代知识分子过渡。在这个过程中，从社会精英到普通民众，从手握政治权力的官员到远离政治的专业劳动者，传统的士大夫（"士"）向知识分子的转化，"不仅是名称的改变，而是实质的改变。这一改变其实便是知识分子从中心向边缘移动"①。当然，这种移动并没有让知识分子放弃对强权的反抗和对社会的批判。相反，如果我们抛弃世俗利益的权衡，知识分子的边缘化在话语关系上更加有利于保持其自身的独立性。"严格说来知识分子不是公务员或雇员，不应完全听命于政府、集团，甚或志同道合的专业人士所

---

　　①　余英时：《中国知识分子论》，河南人民出版社 1997 年版，第 163 页。

组成的行会的政策目标。"① 由此可见，这种独立性是一个真正的知识分子履行责任所需要的最宝贵的条件。知识分子只有拥有了相对独立的经济来源，摆脱了对权力的隶属和依附关系，才有可能真正实现思想和表达上的自由、自主；只有真正实现了思想和表达上的自由、自主，才能更好地履行追求真理、批判社会、贡献智力等社会责任。

《新月》月刊的媒介内容，尤其是其社会政治主张，非常明显地体现了新月知识分子的社会责任感。新月同人作为中国第一代现代意义上的知识分子，既具有传统文人议政论政的传统和以言报国的梦想，又不乏现代知识分子的开阔视野、知识结构和专业能力。面对急需解决的重大社会问题，他们习惯于遵从理性的思考和自由的表达，或从理论的高度寻求根本解决的途径，或从自己的专业出发提出实际的解决方案。这种独立性的获得，得益于《新月》月刊的自由媒介属性，更是新月同人争取奋斗的结果。在当下的时代背景下，知识分子越来越专业化，成为各个岗位上的纯粹的专业建设者，理想、价值、体制等宏大主题被越来越多的人在有意无意间淡化和悬置。公共知识分子越来越少，越来越多的所谓知识分子在权力和金钱的诱惑下，日渐失去了一个知识分子最宝贵的独立性和最基本的责任感。《新月》及其新月同人的功绩为当下的知识分子状况提供了一个很好的参照，这是《新月》月刊所显示的超越具体媒介内容的深层意义，也是其给予我们的最大的启示。

二是自由主义思想的传播。在知识分子的现代转型中，边缘化是一个总体趋势。"社会、政治的边缘化，知识分子基本上是处于被动的地位，但是文化边缘化的局面则是知识分子主动造成的。"② 近代中国的知识分子在国门打开之后，逐渐动摇了对传统文化的信心，转而向西学寻求富国强兵之路。在纷繁芜杂的学说中，自由主义理论成为留学英美的知识分子乐于接受和传播的重要思想。在整个 20 世纪的政治哲学中，自由主义是一个重要的参照系，一种难得的参考资源，知识分子对它也始终有着一种深层需求。因而，在 20 世纪的中国，自由主义一直有

---

① 爱德华·W.萨义德：《知识分子论》，单德兴译，生活·读书·新知三联书店 2002 年版，第 75 页。

② 余英时：《中国知识分子论》，河南人民出版社 1997 年版，第 169—170 页。

一条明晰的线索，并在适当的时候成为"显学"。

从理论上讲，"依法治国、权力制衡、公民权利等话题，在自由主义话语系统中表达和讨论，比任何其他话语更恰当和切题"①。而这些都是中国社会走向全面（不仅仅是经济的）现代化无法回避的话题。一个现实的问题是，要想顺利实现自由主义的渐进改良之路，必须以一个庞大的、稳定的、活跃的市民社会作为基础，然而，"1978 年以后，所谓中国的市民社会，很大程度上是国家制造出来的。依靠国家的力量而维持的市民社会能否提供一种公共参与、政治表达的自由空间，这是摆在自由主义面前的一个问题"②。如何在市民社会不健全的条件下开拓公共空间和形成公共领域，从而实现自由主义的改良目标，是一个颇具挑战的操作性难题。20 世纪上半叶的中国，出现了新月同人等信奉自由主义思想的知识分子群体，产生了《新月》月刊等传播自由主义理论的媒介。人与媒介的成功结合，将自由主义的种子从遥远的彼岸带到中国大地上，经过本土自由主义者的培育，自由主义在无根的中国也形成了短暂的历史"传统"。中国当代的自由主义，正是在这个不远的"传统"的基础之上，横向吸收了当代西方的自由主义理论，形成与"新儒学""新左派"鼎足而立的重要思想资源。不可否认的是，市场经济、宪政体制、民主道路、法治前提等自由主义理论基本精神和理念正在融入中国文化，形成新的"传统"。自由主义抓住了"人"这一最根本、最活跃的因素，形成了一整套符合人的本性、有利于调动人的潜能的制度设计。人类社会的智慧是可以而且应该共享的，因而在强调合作交流、淡化意识形态的大背景下，走出对各种主义的标签化划分，调解自由主义与"新左派""新儒学"之间的冲突与分歧，将自由主义的精华思想和智慧融入中国的文化哲学，是一个意义重大的现实课题。

在现代中国，知识分子作为社会的精英，在改良、革命、启蒙、救亡等不同的历史主题之下，始终站在时代的前列，或引领大众，或为民

---

① 徐友渔：《自由主义与当代中国》，李世涛主编《知识分子立场：自由主义之争与中国思想界的分化》，时代文艺出版社 2000 年版，第 413 页。

② 许纪霖、刘擎等：《寻找"第三条道路"——关于自由主义与"新左翼"的对话》，李世涛主编《知识分子立场：自由主义之争与中国思想界的分化》，时代文艺出版社 2000 年版，第 315 页。

请命，或振臂呐喊，或埋头实干，从文化、思想、审美、宣传等方面着手改造个体、社会和国家，体现了那个时代知识分子的真正内涵。他们以独立精神作为自由保障，以结盟的方式发挥群体优势，以媒介活动作为表达的形式，表现出鲜明的时代特征。在当代中国相当长的历史时期内，知识分子精神和媒介空间出现了严重的萎缩。在当下的时代背景下，面对各种"诱惑"，"知识人"很容易沦为"利益人"，媒介机构也在纯粹企业化的运作下，经受着为了追求经济利益的最大化而放弃媒介责任的历史考验。如今，80多年前《新月》的余晖，仍然鞭策和激励着21世纪的知识分子。这是一种幸运，还是一种悲哀？

参考文献

期刊类

《努力周报》
《现代评论》
《晨报副刊》
《新月》
《诗刊》
《学文》

论文类

陈爱中：《格律与自由的恰切糅合——试论新月诗歌的语言表述》，《江汉大学学报》2006 年第 4 期。

陈国恩：《论婉约词对"新月"诗人的影响》，《武汉大学学报》1996年第 4 期。

陈山：《论新月诗派在新诗发展中的历史地位》，《中国现代文学研究丛刊》1982 年第 1 期。

陈伟华：《"新月"理论家们的"硬译"——论新月派诗论对中国传统文化的承传》，《中国文学研究》2005 年第 1 期。

陈子善：《水木清华地 文章新月篇——〈从印象到评价——叶公超批评文集〉编后》，《书屋》1999 年第 1 期。

程国君：《浪漫诗人的"现代"诉求——论"新月"诗派的现代主义艺

术实践》，《南开学报》2004 年第 3 期。

程国君：《论"新月"诗派的诗歌语言美追求》，《陕西师范大学学报》
　　2005 年第 5 期。

方族文：《朱湘研究中的几个疑点问题》，《安庆师范学院学报》2004
　　年第 6 期。

付祥喜：《新月社若干史实考辨》，《中国现代文学研究丛刊》2007 年
　　第 6 期。

高蔚：《新诗的音乐性问题——从"新月"诗人到戴望舒》，《新疆师范
　　大学学报》2004 年第 4 期。

古远清：《从"新月"作家到外交家的叶公超》，《湖北经济学院学报》
　　2004 年第 6 期。

顾金春：《新人文主义者的追求——论梁实秋新月时期的文艺思想》，
　　《青海社会科学》2002 年第 3 期。

侯群雄：《一份杂志和一个群体——以〈新月〉为中心》，《新文学史
　　料》2004 年第 2 期。

胡博：《新月派前期的"文学梦"》，《中国现代文学研究丛刊》2004 年
　　第 2 期。

胡国祥：《传教士与近代活字印刷的引入》，《华中师范大学学报》（人
　　文社会科学版）2008 年第 3 期。

黄昌勇：《孙大雨传略（上）》，《新文学史料》1996 年第 2 期。

黄昌勇：《孙大雨传略（下）》，《新文学史料》1996 年第 3 期。

黄昌勇：《新月派发展轨迹新论》，《武陵学刊》1995 年第 1 期。

黄昌勇：《新月诗派论》，《文学评论》1997 年第 3 期。

季桂起：《叶公超文学批评的观念和风格》，《北方论丛》2004 年第
　　6 期。

李惠贞：《〈新月〉小说初探》，《暨南学报》1985 年第 4 期。

李云：《北京松坡图书馆及其出版物》，《出版史料》2004 年第 4 期。

凌燕萍、刘君卫：《沈从文是新月派吗——"沈学"文艺思想探究》，
　　《中南民族学院学报》2001 年第 2 期。

刘群：《关于新月社成立的时间、地点及相关情况的考述》，《中国现代

文学研究丛刊》2007 年第 3 期。

刘群：《关于新月书店经理更替的史实考察》，《中国现代文学研究丛刊》2008 年第 6 期。

刘群：《新月社研究》，博士学位论文，复旦大学，2006 年。

刘群：《学者的摇篮——论叶公超在新月时期的编辑活动》，《兰州学刊》2006 年第 4 期。

龙泉明：《论新月诗派的新诗规范化运动》，《求是学刊》2000 年第 4 期。

罗振亚：《浪漫主义向象征主义转换的中介——新月诗派的巴那斯主义倾向》，《北方论丛》1997 年第 4 期。

倪平：《〈新月〉月刊若干史实之考证》，《编辑学刊》2004 年第 6 期。

倪平：《新月派的两个支柱：书店、月刊的起讫》，《中国现代文学研究丛刊》2005 年第 6 期。

倪素平：《后期新月诗派现代主义诗歌的形式美追求》，《阴山学刊》2003 年第 4 期。

倪素平：《浪漫的潜伏——后期新月诗派"主智诗"、"城市诗"创作简论》，《阴山学刊》2004 年第 6 期。

彭耀春：《"新月"三剧作家论》，《南京师范大学学报》1992 年第 1 期。

乔以钢：《两位"新月"女诗人及其创作》，《理论与创作》1998 年第 5 期。

邵建：《新月知识分子的"人权论战"（1929—1931）》，《社会科学论坛》2006 年第 2 期（上）。

沈卫威：《中国式的"费边社"议政——胡适与"平社"的一段史实》，《史学月刊》1996 年第 2 期。

覃宝凤：《为新月找一个坐标——1925—1926 年徐志摩与〈晨报副刊〉》，《延安大学学报》2006 年第 1 期。

汤凌云：《新月诗派的诗歌本质论》，《徐州师范大学学报》2005 年第 6 期。

田刚：《"新月"才女方令孺》，《出版参考》2006 年第 14 期。

童晓薇：《创造社与新月派知识群体的比照分析》，《广东社会科学》
　　2005 年第 3 期。

王传富：《论胡适〈新月〉月刊的自由主义政治思想》，《信阳师范学院
　　学报》2006 年第 2 期。

王光明：《诗歌形式秩序的寻求——"新月诗派"新论（上）》，《海南
　　师范学院学报》2003 年第 6 期。

王光明：《诗歌形式秩序的寻求——"新月诗派"新论（下）》，《海南
　　师范学院学报》2004 年第 1 期。

王强：《必须历史地评析"新月"》，《上海师范大学学报》1995 年第
　　4 期。

王强：《关于"新月派"的形成和发展》，《中国现代文学研究丛刊》
　　1983 年第 3 期。

王强：《新月社四题》，《齐鲁学刊》1983 年第 5 期。

王荣：《论"新月诗派"的现代叙事诗创作及其理论批评》，《文学评
　　论》2008 年第 2 期。

王耀文：《胡适、〈新月〉与梁启超纪念专号》，《书屋》2008 年第
　　6 期。

魏晓东：《沈从文与新月派》，《晋中学院学报》2007 年第 1 期。

魏晓耘、魏绍馨：《新月社作家与民国前期的人权与法治运动》，《齐鲁
　　学刊》2006 年第 5 期。

吴奔星：《试论新月诗派》，《文学评论》1980 年第 2 期。

吴福辉：《现代文化移植的困厄及历史命运——论胡适与〈现代评论〉、
　　〈新月〉派》，《文艺争鸣》1992 年第 3 期。

吴恒心：《〈新月〉杂志刊行时期胡适政治思想评析——兼评史学界在
　　此问题上的一些看法》，《江西社会科学》2001 年第 5 期。

吴欢章、张祖健：《新月诗歌艺术精神的历史流变》，《上海大学学报》
　　1993 年第 4 期。

吴立昌：《1930 年前后之〈新月〉》，《中文自学指导》2006 年第 2 期。

吴中杰：《新月派与沙龙艺术》，《阴山学刊》1997 年第 1 期。

肖东发：《中国印刷图书文化的起源（上）》，《出版科学》2000 年第

1 期。

许正林：《新月诗派与维多利亚诗》，《中国现代文学研究丛刊》1993
　　年第 2 期。

颜同林：《土白入诗与新月诗派》，《江汉大学学报》2006 年第 4 期。

张高杰：《论新月派创作的现代主义倾向》，《齐鲁学刊》2000 年第
　　1 期。

张玲霞：《新月诗派艺术演变轨迹的考察》，《中国现代文学研究丛刊》
　　1992 年第 2 期。

张少雄：《新月社翻译小史：文学翻译》，《中国翻译》1994 年第 2 期。

张中良：《大陆文学史上的梁实秋身份问题》，《中国现代文学研究丛
　　刊》2004 年第 3 期。

周艳敏、宋慧献：《古登堡之后：从印刷特权到现代版权》，《出版发行
　　研究》2008 年第 9 期。

朱晓进：《"新月派"的文学策略 中国三十年代文学群体的"亚政治文
　　化"特征之一》，《中国现代文学研究丛刊》1999 年第 3 期。

史料、论著类

［德］哈贝马斯：《公共领域的结构转型》，曹卫东、王晓珏等译，学林
　　出版社 1999 年版。

［法］让·波德里亚：《消费社会》，刘成富、全志钢译，南京大学出版
　　社 2001 年版。

［加拿大］马歇尔·麦克卢汉：《理解媒介——论人的延伸》，何道宽
　　译，商务印书馆 2000 年版。

［美］J. 赫伯特·阿特休尔：《权力的媒介》，黄煜等译，华夏出版社
　　1989 年版。

［美］戴安娜·克兰：《文化生产：媒体与都市艺术》，赵国新译，译林
　　出版社 2001 年版。

［美］弗雷德里克·S. 西伯特等：《传媒的四种理论》，戴鑫译，中国
　　人民大学出版社 2008 年版。

［美］约翰·D. 泽莱兹尼：《传播法：自由、限制与现代媒介》，张金

玺、赵刚译，清华大学出版社 2007 年版。

[英] 戴维·巴特勒：《媒介社会学》，赵伯英、孟春译，社会科学文献出版社 1989 年版。

[英] 丹尼斯·麦奎尔、[瑞典] 斯文·温德尔：《大众传播模式论》，祝建华译，上海译文出版社 2008 年版。

[英] 霍布豪斯：《自由主义》，朱曾汶译，商务印书馆 1996 年版。

[英] 尼克·史蒂文森：《认识媒介文化——社会理论与大众传播》，王文斌译，商务印书馆 2001 年版。

《世界历史》编辑部：《明治维新的再探讨》，中国社会科学出版社 1981 年版。

[美] 爱德华·W. 萨义德：《知识分子论》，单德兴译，生活·读书·新知三联书店 2002 年版。

白吉庵：《胡适传》，人民出版社 1993 年版。

蔡元培等：《中国新文学大系导论集》，良友图书公司 1940 年版。

曹伯言整理：《胡适日记全编》，安徽教育出版社 2001 年版。

曹聚仁：《文坛五十年》，东方出版中心 1997 年版。

陈景磐：《中国近代教育史》，人民教育出版社 1983 年版。

陈梦家编：《新月诗选》，新月书店 1931 年版。

陈明远：《文化人的经济生活》，文汇出版社 2005 年版。

陈平原、[日] 山口守编：《大众传媒与现代文学》，新世界出版社 2003 年版。

陈万雄：《五四新文化的源流》，生活·读书·新知三联书店 1997 年版。

陈子善编：《施蛰存七十年文选》，上海文艺出版社 1996 年版。

陈子善编：《叶公超批评文集》，珠海出版社 1998 年版。

陈子善主编"新月派文学作品专辑"：徐志摩《翡冷翠的一夜》，余上沅《国剧运动》，秋朗《骂人的艺术》，邵洵美《花一般的罪恶》，丁西林《西林独幕剧》，曹葆华《灵焰》，陈梦家《铁马集》，朱湘《石门集》，方玮德《玮德诗文集》，储安平《说谎者》，上海书店出版社 1992 年版。

程光炜主编：《大众媒介与中国现当代文学》，人民文学出版社 2005
　　年版。

程新编：《港台·国外谈中国现代文学作家》，四川文艺出版社 1986
　　年版。

丁易：《中国现代文学史略》，作家出版社 1955 年版。

方汉奇主编：《中国新闻传播史》，中国人民大学出版社 2002 年版。

方仁念选编：《新月的升起——新月派作品选》，华东师范大学出版社
　　1993 年版。

方仁念选编：《新月派评论资料选》，华东师范大学出版社 1993 年版。

方玮德：《玮德诗文集》，上海书店出版社 1992 年版。

[美] 费正清：《剑桥中国晚清史》，中国社会科学出版社 1985 年版。

[美] 费正清：《剑桥中华民国史》，中国社会科学出版社 1994 年版。

戈公振：《中国报学史》，生活·读书·新知三联书店 1955 年版。

葛懋春、李兴芝编：《胡适哲学思想资料选》，华东师范大学出版社
　　1981 年版。

关鸿、魏平主编：《新月怀旧——叶公超文艺杂谈》，学林出版社 1997
　　年版。

郭庆光：《传播学教程》，中国人民大学出版社 1999 年版。

韩石山：《徐志摩传》，北京十月文艺出版社 2004 年版。

胡明：《胡适传论》，人民文学出版社 1996 年版。

胡山源：《文坛管窥——和我有过往来的文人》，上海古籍出版社 2000
　　年版。

胡适：《胡适书信集》，北京大学出版社 1996 年版。

胡伟希：《十字街头与塔——中国近代自由主义思潮研究》，上海人民
　　出版社 1991 年版。

蓝棣之：《新月派诗选》，北京人民文学出版社 1989 年版。

李何林：《近二十年中国文艺思潮论》，生活书店 1939 年版。

李强：《自由主义》，中国社会科学出版社 1998 年版。

李世涛主编：《知识分子立场：自由主义之争与中国思想界的分化》，
　　时代文艺出版社 2000 年版。

李正西、任合生编：《梁实秋文坛沉浮录》，黄山书社1992年版。

梁实秋、叶公超主编：《新月散文选》，雕龙出版社1980年版。

梁实秋：《梁实秋文学回忆录》，岳麓书社1989年版。

梁实秋：《梁实秋自传》，江苏文艺出版社1996年版。

梁文蔷：《梁实秋与程季淑：我的父亲母亲》，百花文艺出版社2005年版。

刘军宁：《北大传统与近代中国——自由主义的先声》，中国人事出版社1998年版。

刘绶松：《中国新文学史初稿》，人民文学出版社1979年版。

刘天华、维辛编选：《梁实秋怀人丛录》，中国广播电视出版社1991年版。

鲁西奇：《梁实秋传》，中央民族大学出版社1996年版。

鲁迅：《鲁迅全集》，人民文学出版社2005年版。

鲁迅：《鲁迅杂文全编》，人民文学出版社2006年版。

陆扬、王毅：《大众文化与传媒》，上海三联书店2000年版。

罗志田：《再造文明的尝试：胡适传（1891—1929）》，中华书局2006年版。

闵大洪：《传播科技纵横》，警官教育出版社1998年版。

倪平编选：《豁蒙楼暮色——〈新月〉萃编》，上海古籍出版社2000年版。

欧阳修：《欧阳修散文全集（上）》，今日中国出版社1996年版。

欧阳哲生：《自由主义之累——胡适思想的现代阐释》，上海人民出版社1993年版。

欧阳哲生编：《胡适文集》，北京大学出版社1998年版。

钱理群等：《中国现代文学三十年》，上海文艺出版社1987年版。

瞿光熙：《中国现代文学史札记》，上海文艺出版社1984年版。

邵培仁：《传播学》，高等教育出版社2000年版。

申报馆编：《最近之五十年》，文海出版社1923年版。

沈从文：《沈从文文集》（国内版），花城出版社、生活·读书·新知三联书店香港分店联合编辑出版1984年版。

沈卫威：《胡适传》，河南文艺出版社 1999 年版。

沈卫威：《无地自由：胡适传》，安徽教育出版社 2005 年版。

盛佩玉：《盛氏家族·邵洵美与我》，人民文学出版社 2004 年版。

司马长风：《中国新文学史》，昭明出版社有限公司 1978 年版。

宋炳辉：《新月下的夜莺 徐志摩传》，上海文艺出版社 1993 年版。

宋军：《申报的兴衰》，上海社会科学院出版社 1996 年版。

宋益乔：《梁实秋传》，百花文艺出版社 2005 年版。

宋益乔：《新月才子》，山东画报出版社 2000 年版。

宋益乔：《徐志摩传：艺术与风月》，北岳文艺出版社 1990 年版。

宋原放、李白坚：《中国出版史》，中国书籍出版社 1991 年版。

汪耀华选编：《民国书业经营规章》，上海书店出版社 2006 年版。

王锦厚、陈丽莉编：《饶孟侃诗文集》，四川大学出版社 1997 年版。

王锦厚：《闻一多与饶孟侃》，电子科技大学出版社 1999 年版。

王清波、陈依编：《新月抒情诗选》，中国人民大学出版社 1991 年版。

王孙选编：《新月散文十八家》，上海文艺出版社 1989 年版。

王晓明主编：《二十世纪中国文学史论》，东方出版中心 1997 年版。

王瑶：《中国新文学史稿》，新文艺出版社 1954 年版。

王一心：《梁实秋（1903—1987）》，江苏文艺出版社 2000 年版。

魏绍馨：《中国现代文学思潮史》，浙江大学出版社 1988 年版。

闻一多：《闻一多全集》，生活·读书·新知三联书店 1982 年版。

闻一多：《闻一多书信选集》，人民文学出版社 1986 年版。

吴中杰：《海上学人漫记》，生活·读书·新知三联书店 1999 年版。

谢泳：《清华三才子》，新华出版社 2005 年版。

谢泳：《逝去的年代——中国自由知识分子的命运》，文化艺术出版社
　　1999 年版。

谢泳编：《储安平：一条河流般的忧郁》，中国青年出版社 1999 年版。

徐培汀、裘正义：《中国新闻传播学说史》，重庆出版社 1994 年版。

徐志摩：《猛虎集》，新月书店 1931 年版。

许纪霖、陈达凯主编：《中国现代化史》，上海三联书店 1995 年版。

许纪霖编：《公共空间中的知识分子》，江苏人民出版社 2007 年版。

闫润鱼：《自由主义与近代中国》，新星出版社 2007 年版。

杨芳芳编：《新月派诗选》，长江文艺出版社 2006 年版。

易竹贤：《胡适传》，湖北人民出版社 2005 年版。

尹在勤：《新月派评说》，陕西人民出版社 1985 年版。

余英时：《中国知识分子论》，河南人民出版社 1997 年版。

俞子林主编：《百年书业》，上海书店出版社 2008 年版。

俞子林主编：《那时文坛》，上海书店出版社 2008 年版。

虞坤林编：《志摩的信》，上海学林出版社 2004 年版。

袁国兴：《1898—1948 中国文学场态》，广东人民出版社 2005 年版。

张国良：《传播学原理》，复旦大学出版社 1995 年版。

张静庐：《中国近代出版史料初编》，上海出版社 1953 年版。

章清：《"胡适派学人群"与现代中国自由主义》，上海古籍出版社 2004
  年版。

张育仁：《自由的历险——中国自由主义新闻思想史》，云南人民出版
  社 2002 年版。

赵景深：《文坛忆旧》，上海书店出版社 1983 年版。

赵遐秋：《徐志摩传》，中国人民大学出版社 1999 年版。

中国社会科学院近代史研究所中华民国史组编：《胡适来往书信选》，
  中华书局 1979 年版。

中国史学会编：《戊戌变法》，上海人民出版社 1957 年版。

中南区七所高等院校合编：《中国现代文学史资料汇编》，河南人民出
  版社 1978 年版，内部发行。

周葱秀、涂明：《中国近现代文化期刊史》，山西教育出版社 1999
  年版。

周晓明：《多源与多元：从中国留学族到新月派》，华中师范大学出版
  社 2001 年版。

周晓明：《人类交流与传播》，上海文艺出版社 1990 年版。

朱寿桐：《新月派的绅士风情》，江苏文艺出版社 1995 年版。

朱寿桐：《中国现代社团文学史》，人民文学出版社 2004 年版。

朱晓江：《书生本色：胡适传》，上海书画出版社 2002 年版。

邹毓俊:《印刷概论》,测绘出版社 1993 年版。

付祥喜:《新月派考论》,中国社会科学出版社 2015 年版。

黄红春:《古典与浪漫 新月派文学观念研究》,江西人民出版社 2015
年版。

后　记

这部书稿"待字柜中"也有些年月了，我早已感觉到了她内心的躁动和不满。增订和重校是必不可少的，给她拭去灰尘洗个脸，添点布料做一身新衣，找个门当户对的婆家，登个记拜个堂，也算是了了一桩心愿，完成了一份责任吧！

是的，这本书的底稿是我的博士论文。翻开原来的后记，真有如在昨日而又恍若隔世之感：

最后一个句号出场了，论文的写作也谢幕了。熹微的灯光透着些许寒意——现在是什么季节？凌晨四点，新的一天又开始了吧。你听，桂子山上那些攻读学位的小鸟已经开始忙碌起来了。她们在练声，在晨读，在迎接朝阳的升起。是的，朝阳是时间的新生儿。我不是女人，却体会到了怀胎和分娩的感觉。任文字在我的思想之宫自由结合，生长，躁动，剧痛，直至生产。有痛苦，更有快乐，有落寞，更有成就。现在，我的孩子出生了，我怎能不和着她的啼哭一起歌唱？

三年是怎样过来的？学业的压力，理想的纠缠，情感的诺债，生活的重压，甚至生存的挑战！三年就是这样过来的。憧憬着，彷徨着，奋斗着。时间又要出发了。别了，桂子山；别了，江城；别了，我的最后的学生时代！

忘不了，恩师周晓明教授，在我人生的第一个低谷给了我从头再来的机会和勇气。表面的威严，内心的宽容，多彩的生活，严谨的学术，睿智的思想，高洁的风骨……先生的为与不为，于我都是虽向往而不能至之的另一种境界。

忘不了，王又平老师的思想光芒和教学艺术，黄曼君老师的老骥伏枥和真情童趣，王泽龙老师的治学激情和奋斗精神，还有许祖华老师的热情和随和，张卫中老师的朴实和勤勉。这些都是我在桂子山收获的宝贵财富。

忘不了，硕士导师黄伟林老师，学术引路人刘川鄂老师。才华横溢、睿智风华是他们的共同点。他们让我受益无穷。

忘不了，亦师亦友的黄柏刚老师，无所不谈的李丹弟兄。斟满苞谷酒的餐桌上永远散发着乡情的芬芳。

忘不了，张军、刘继林、宋琼英、叶琼琼、孙斐娟、首作帝、李一鸣等同窗好友，彭涛、罗晓静、梁桂莲、吴浪平、饶向阳等同门的兄弟姐妹。是缘分让我们相识。定当铭记，那些值得珍惜的点点滴滴。

忘不了，一直支持我的亲人。

还有她——一个平凡的好女人！

……

应该搁笔了，留点激情，投入新的生活吧。

时间，又要出发了。

是的，时间已经出发了很久。当年的激情，消失了不少，剩下的或变成了理智，或沉淀为生活。虽然这些年东奔西走，体会了世态的炎凉，经历了生离死别，但所幸的是，那些温暖和坚持仍在，塔未倒，灯未灭。至今犹记，写博士论文的时候，每天踏着准点的铃声走进特藏资料库，机械地翻阅着竖版繁体字的古旧书籍。蛀虫的尸首，水渍的斑痕，还有不可考证的年代里积下的灰尘，随了书页的翻动，在窗外投进的阳光带里欢快地飘飞，享受着从寂寞的孤城解放出来的愉悦。而回来以后第一件事是洗去满手的灰尘，在当时已经变成了一种不得已的习惯。在论文写作的攻坚阶段，每天除了吃饭、上厕所和睡觉，剩下的时间都在敲打键盘，甚至一连十天不下楼也是有过的。也曾牢骚满腹，或是自嘲：在这个时代，人文知识分子能做的，或许只有埋头翻阅那些竖版繁体字的旧书刊，让那些不知年月的灰尘沾满手指。然而落寞归落寞，心血终究是心血，用心写出来的文字，又怎能不让自己珍视呢？古佛青灯也好，传道殉道也罢，没有什么能比墨香和文字更能让一个读书人内心安宁的了。

所以，我要再次感谢上面提到的人，我的父母、师长、亲人和朋友。他（她）们有的去了天国，有的身处异国，有的远在天南海北，但这都没有关系，生命中能够相遇总是美好的。感谢论文答辩时的两位校外专家——武汉大学的樊星教授和华中科技大学的何锡章教授，他们为论文提出了十分中肯的意见。还要感谢熊家良教授一直以来的关照和鞭策。这本书能作为广东省哲学社会科学"十二五"规划项目的最终成果，由中国社会科学出版社出版，无论如何都是幸运的。

学术的殿堂是绚烂而庄严的，我才刚刚登堂入室，一切都需要时间。

还好年华未老。共同期待吧！

史习斌

2017 年 4 月 5 日